社会を変えるスタートアップ

「就労困難者ゼロ社会」の実現

小野貴也

光文社新書

本書では、障害は個人ではなく社会構造側によってあると捉え、法律用語の「障害」を使用しています。表記のみにとらわれることなく、あるべき姿を考え続けます。

本書の本文、図表等に用いているＶＡＬＴ ＪＡＰＡＮに関する情報・データは特に記載のない限り２０２２年12月時点のものです。

はじめに

日本の就労困難者数、およそ１５００万人。
20年後の労働人口数、１５００万人超の減少。

私たちが暮らすここ日本は、少子高齢化に伴う労働人口の減少問題を突破しなければなりません。この問題には世界も注目しています。

労働人口減少問題と就労困難者問題。双方の労働市場における不均衡な状態は、明らかに深刻な社会課題であり、日本が突破しなければならない歴史的な重大ミッションです。

私はもともと、製薬企業の人間です。主に生活習慣病と精神疾患系の医薬品を扱うMR（クリニックや病院を相手にした営業活動）を経て、２０１４年、26歳の時に起業しました。医薬品等の服薬により、精神疾患を抱える患者さんの症状は緩和し、「また仕事を頑張ろう」と前に走り出します。しかし、仕事の世界でうまくいかず、気がつけば症状は以前よりも悪化してしまう。このスパイラルから抜け出せない方々が悩み、苦しんでいる実態があることを、私は目の当たりにしたのです。

衝撃でした。医薬品だけでは解決できない「仕事」という根深い問題があることを、私は初めて知りました。

これは個人の問題ではない。社会構造を大きく進化させる必要があると、その時感じました。しかし、このような就労困難者が仕事を通じて活躍する社会インフラをつくるための「ハウツー」は存在しません。

だから、３カ月後に起業しました。

ただ、本書は、当時目の前で話をしてくれた当事者を直接支援する話ではありません。そのもっと先にある、「埋もれた人類の巨大な可能性」と「日本経済の進化」を描く、日本のインクルーシブ戦略を見据えています。

８人に１人が就労困難者である事実と、労働人口が減少する社会課題に対して、日本は、そして私たちは、どのような未来をつくっていけるのでしょうか。

２０１４年から約９年間、私たちはスタートアップ企業として、障害等のある就労困難者が仕事を通じて大活躍するための、新たな労働市場の仕組みづくりに挑戦しています。本書では、数多くのさまざまなセクターと総力戦で挑戦する、「就労困難者ゼロ社会」を実現するためのグランドデザイン（大きな構想戦略）をお話ししたいと思います。

社会を変えるスタートアップ

「就労困難者ゼロ社会」の実現

目次

編集協力　麻生りり子
図表作成　デザインプレイス・デマンド

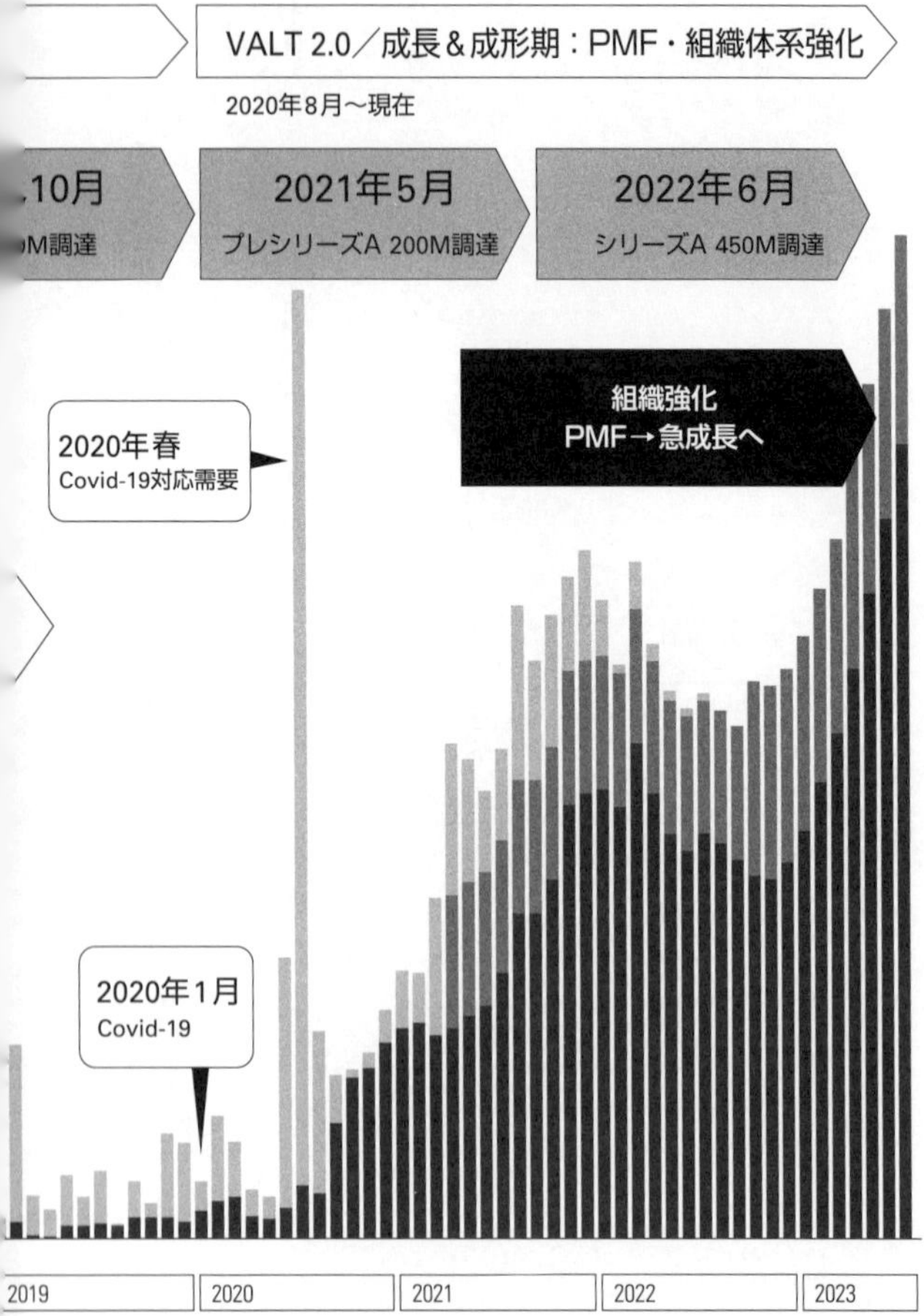
VALT 2.0／成長＆成形期：PMF・組織体系強化
2020年8月〜現在
10月
M調達
2021年5月
プレシリーズA 200M調達
2022年6月
シリーズA 450M調達
2020年春
Covid-19対応需要
組織強化
PMF→急成長へ
2020年1月
Covid-19
2019
2020
2021
2022
2023

図表1 VALT JAPANのこれまで

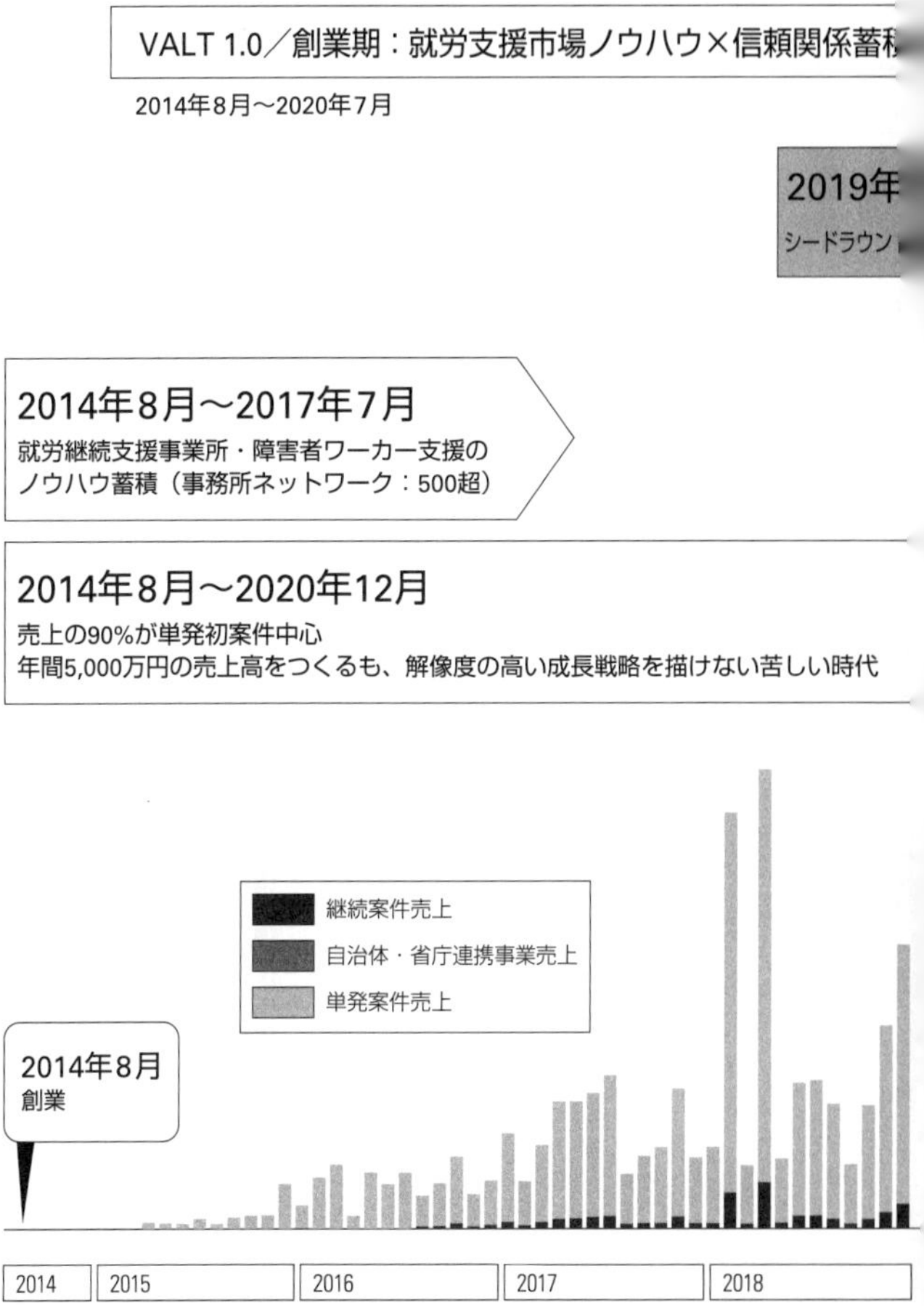

出典：著者作成　＊一部計画含む

第1章

障害者雇用制度を基盤とした日本版インクルーシブモデル

この章では、障害や難病等のある方をはじめとした就労困難者が仕事上で置かれている現状を、さまざまなデータをもとに解説します。雇用形態や給与、働きがいなどの角度から当事者の抱えている課題を知っていただきたいと思います。さらに後半では、現行の雇用制度の基盤を活かしながら活躍機会を拡大させる、新たな日本版インクルーシブモデルについてお話しします。

国民の8人に1人が「就労困難者」

そもそも、本書のタイトルにも入っている「就労困難者」という言葉を目にしても、いまいちピンとこない方もいるでしょう。本書では、就労困難者を次のように定義します。

就労に何らかの課題・障害を抱えており、無職、低賃金、不安定な就労環境等の状態になっている人

これは、就労困難者に関する調査研究を行っている日本財団による定義でもあります。

図表2　**就労困難者の内訳（一部）**

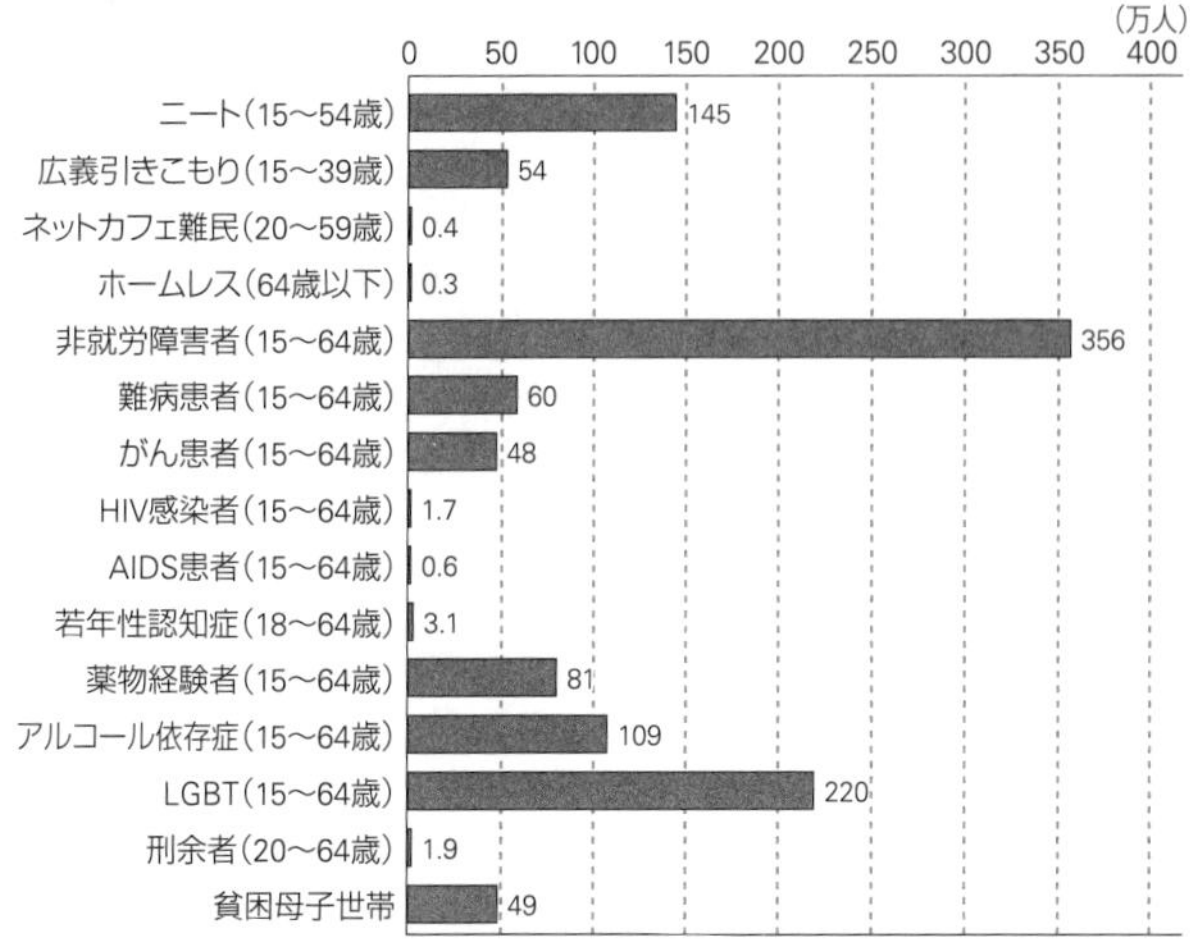

出典：WORK！DIVERSITYプロジェクト（日本財団）

日本財団の調査によると、引きこもり、ニート、ミッシングワーカー（失業者にカウントされないが、介護などの事情で働いていない人）、刑余者、若年性認知症、難病、各種依存症など、生きづらさや働きづらさのある方々はのべ１５００万人（積み上げ方式）におよびます。実に日本の８人に１人が困難を抱えているのです**（図表2）**。

８人に１人。おそらく、この数字に驚かれる方が多いのではないでしょうか。

しかし、これが私たちの暮らす日本の現実です。１日でも早く抜本的な解決を実行したい社会課題であり、もはや日本政府や官公庁・自治体といった公的セクターだけではなく、民間企業・投資家等の経済セクターを巻き込み、連携し、一丸となり、集中的に課題解決へと踏み切っていくべき領域だといえます。

日本の雇用基盤の一つ「障害者雇用」「法定雇用率」

障害者の雇用に関して「法定雇用率」という制度があります。「法定雇用率」とは、障害者の就業の安定を目的に、一定の人数以上の労働者を雇用している企業や団体を対象として、全ての常用労働者のうち障害者をどのくらいの割合で雇う必要があるかを定めた基準のことです。

障害者雇用率制度が導入されたのは1960年の身体障害者雇用促進法で採用されたのが始まりで、当初民間企業に努力義務として工場などの現場的事業所が1・1%、事務的事業所が1・3%と定められました。1976年には法的義務化され一律1・5%となり、法定雇用率は歴史を重ねるごとに引き上げられました。直近では2021年3月1日をもって、2・2%から2・3%に引き上げられたところです。この法定雇用率を達成できていない企業は国に対して納付金を納めなければなりません。

厚生労働省の「令和３年障害者雇用状況の集計結果」（図表3）によると、令和３年（２０２１年）は障害者雇用数、実雇用率共に過去最高を更新しています。なお、雇用者数の増加は18年連続になります。障害者の雇用数は対前年比で３・４％アップして59万７７８６人です。実雇用率は２・２％となっています。また、内訳をみると身体障害者、知的障害者と比較して精神障害者の雇用数が大きく増加傾向にあることがわかります。

法定雇用率が２・３％に引き上げられたことに伴い、従業員43・５人（短時間労働者は計算上「０・５人」とされます）以上の企業には障害者雇用が義務づけられています。しかし法定雇用率を達成している企業の割合は47％と半分に満たず、対前年比でも下がっています（図表4）。企業規模の大小にかかわらず達成率は前年を下回りました。特に、従業員規模の小さな企業では雇用が０人のケースも多く、達成へと進んでいないことが明らかです（図表5）。

また、新型コロナウイルスの流行は当然ながら障害者雇用へも影響を及ぼしています。厚生労働省の発表する「令和２年度 ハローワークを通じた障害者の職業紹介状況」（図表6）をみると、ハローワークを通じた障害者新規求職申込件数は21年ぶりに減少しています。そして就職件数も同様に減少しており、こちらは12年ぶりのことです。申込件数で就職件数を

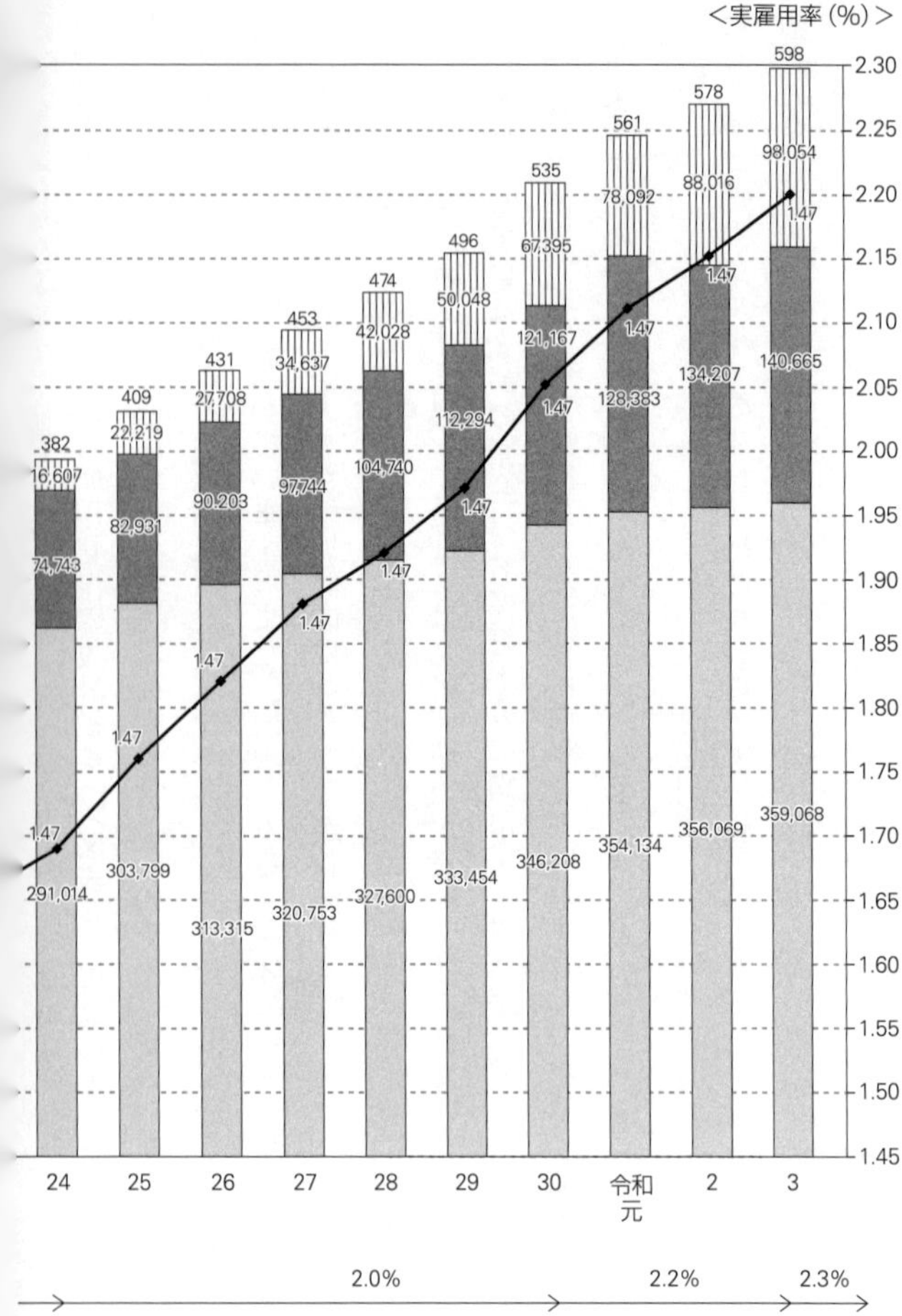
<実雇用率 (%)>
2.30
2.25
2.20
2.15
2.10
2.05
2.00
1.95
1.90
1.85
1.80
1.75
1.70
1.65
1.60
1.55
1.50
1.45
382
16,607
74,743
1.47
291,014
409
22,219
82,931
1.47
303,799
431
27,708
90,203
1.47
313,315
453
34,637
97,744
1.47
320,753
474
42,028
104,740
1.47
327,600
496
50,048
112,294
1.47
333,454
535
67,395
121,167
1.47
346,208
561
78,092
1.47
128,383
354,134
578
88,016
1.47
134,207
356,069
598
98,054
1.47
140,665
359,068
24
25
26
27
28
29
30
令和元
2
3
2.0%
2.2%
2.3%

図表3　障害者雇用の現状①

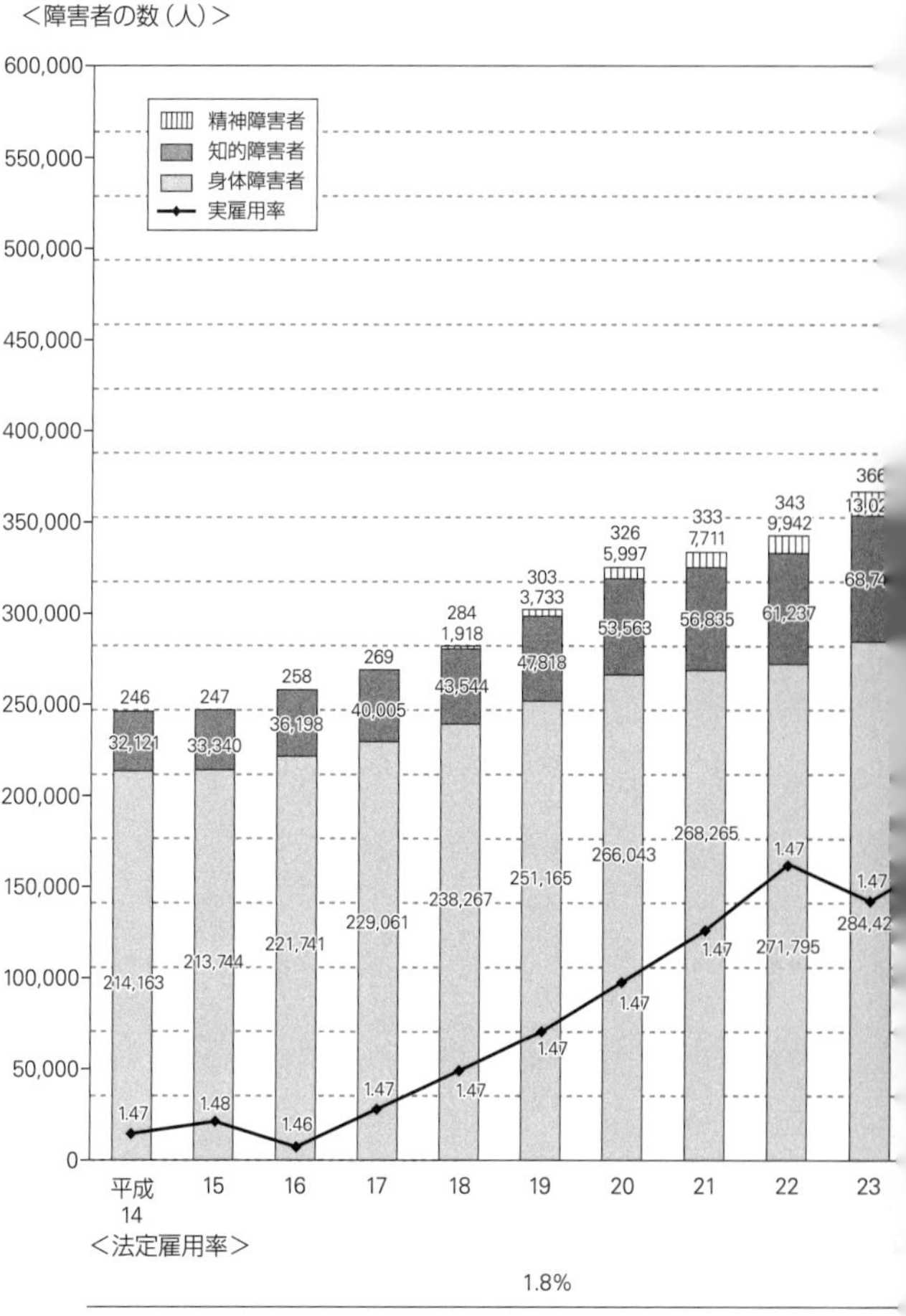

出典：令和３年障害者雇用状況の集計結果（厚生労働省）

企業規模別達成企業割合

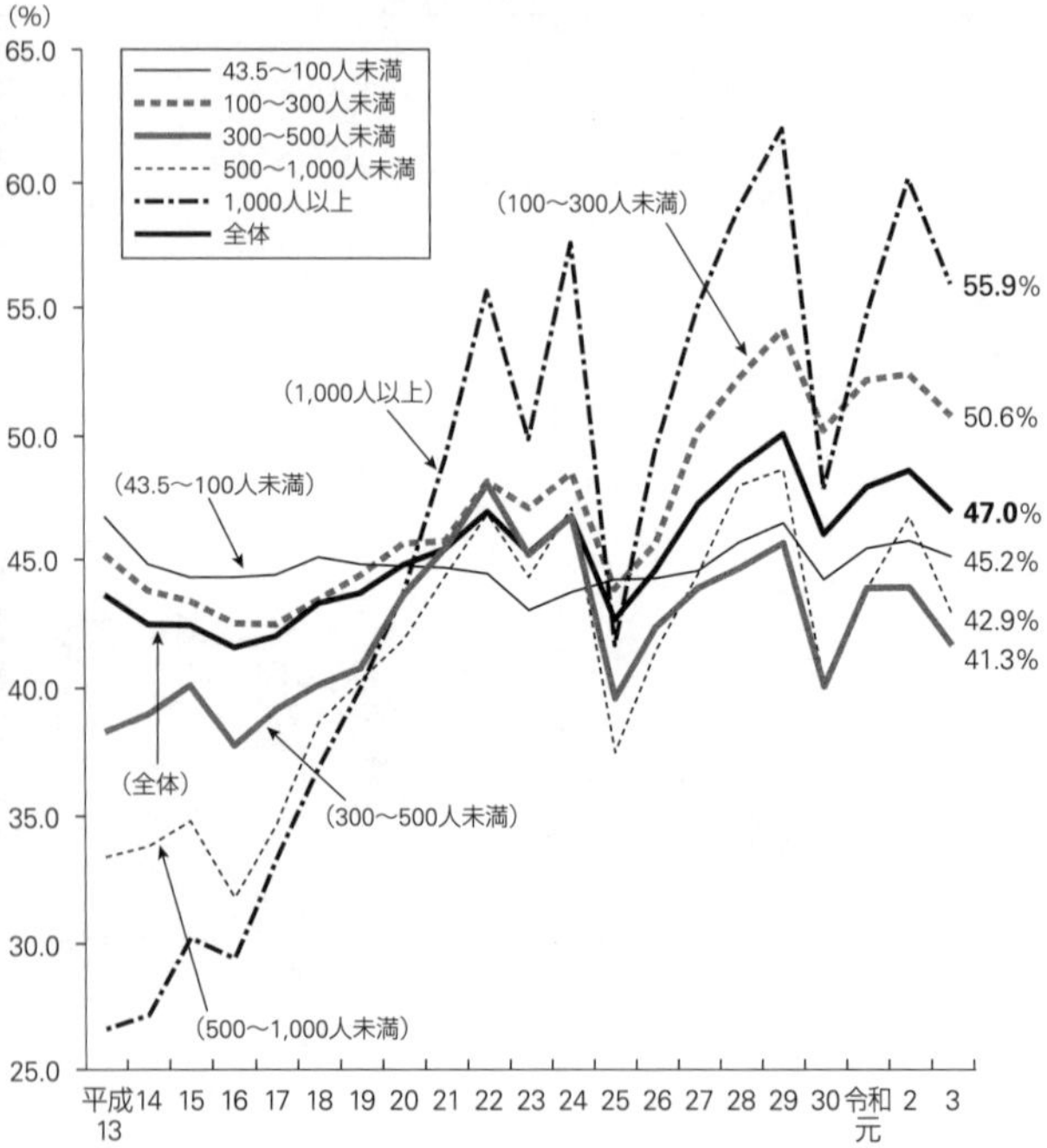

※平成24年までは56〜100人未満、平成29年までは50〜100人未満
※令和２年までは45.5〜100人未満
※令和３年からは43.5〜100人未満

図表４　**障害者雇用の現状②**

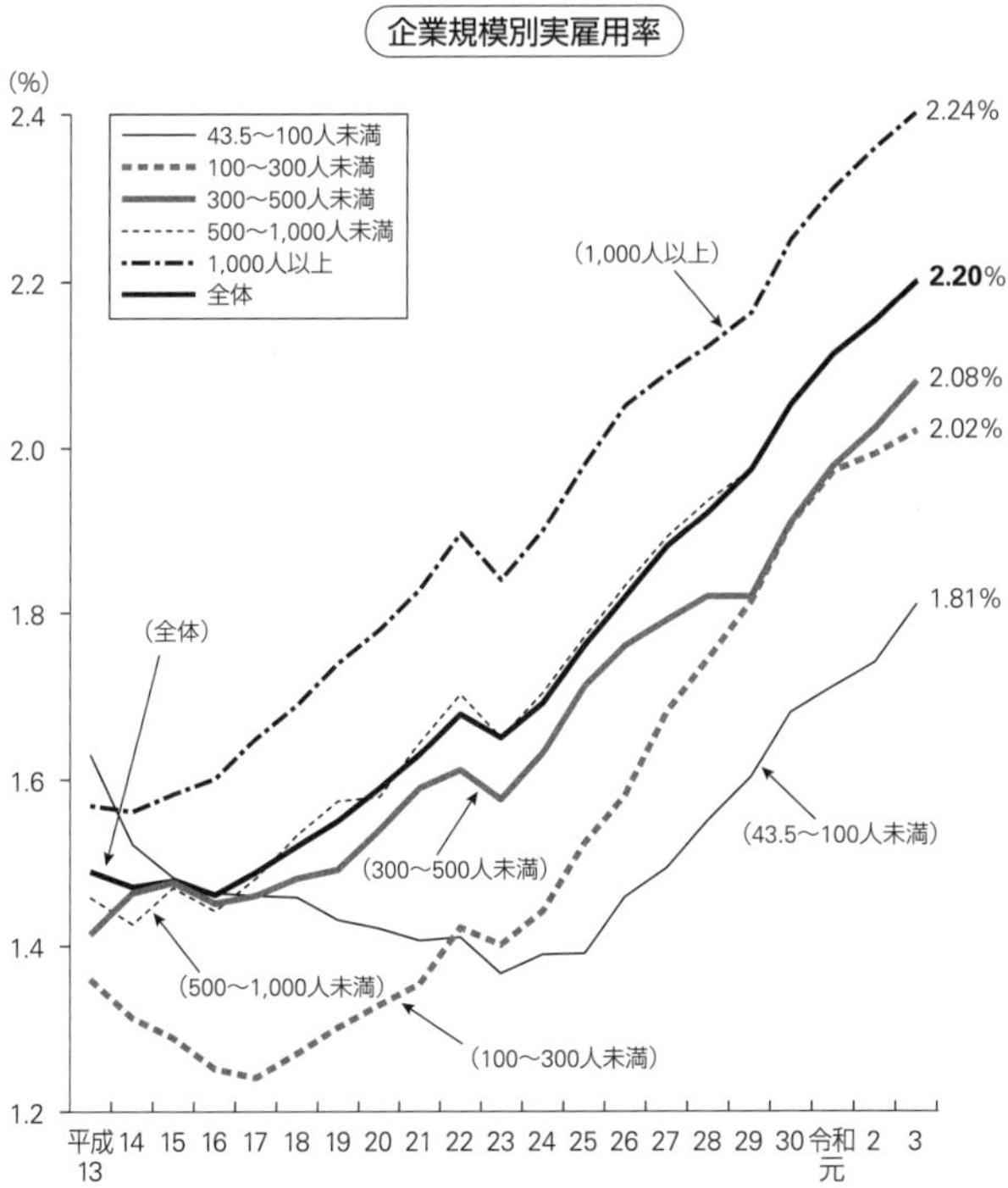

※平成24年までは56～100人未満、平成29年までは50～100人未満
※令和２年までは45.5～100人未満
※令和３年からは43.5～100人未満

出典：障害者雇用納付金制度の在り方について関係資料（厚生労働省）

図表5 障害者雇用の現状③

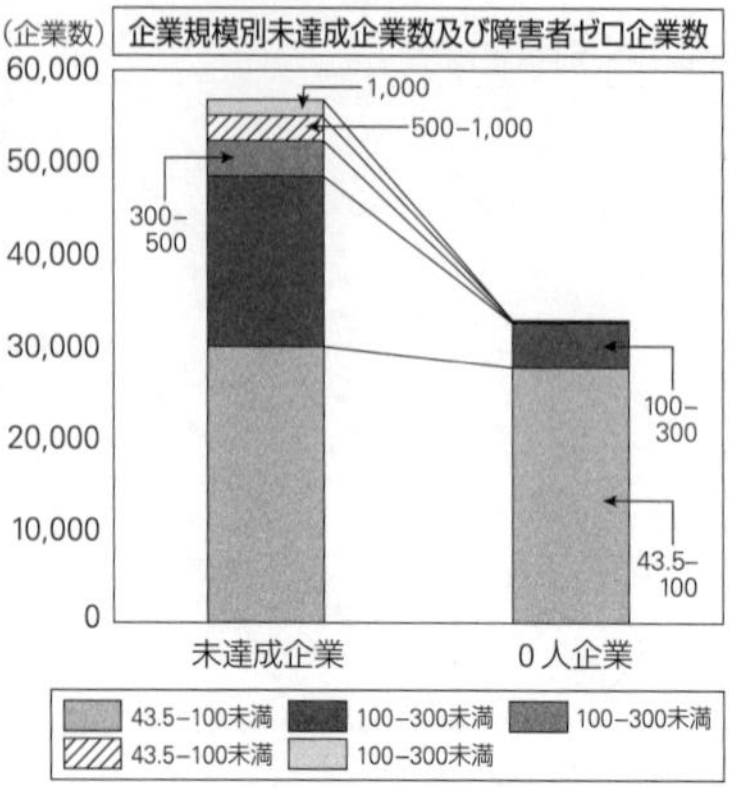

企業規模	未達成企業に占めるゼロ企業の割合
1,000人以上	0.1% (1/1,521)
500〜1,000人未満	0.2% (6/2,747)
300〜500人未満	1.0% (39/4,072)
100〜300人未満	26.7% (4,857/18,189)
43.5〜100人未満	92.2% (27,741/30,089)

(注)括弧内はゼロ企業数/未達成企業数

出典：障害者雇用納付金制度の在り方について 関係資料(厚生労働省)

図表6 障害者雇用の現状④——ハローワークの求人状況

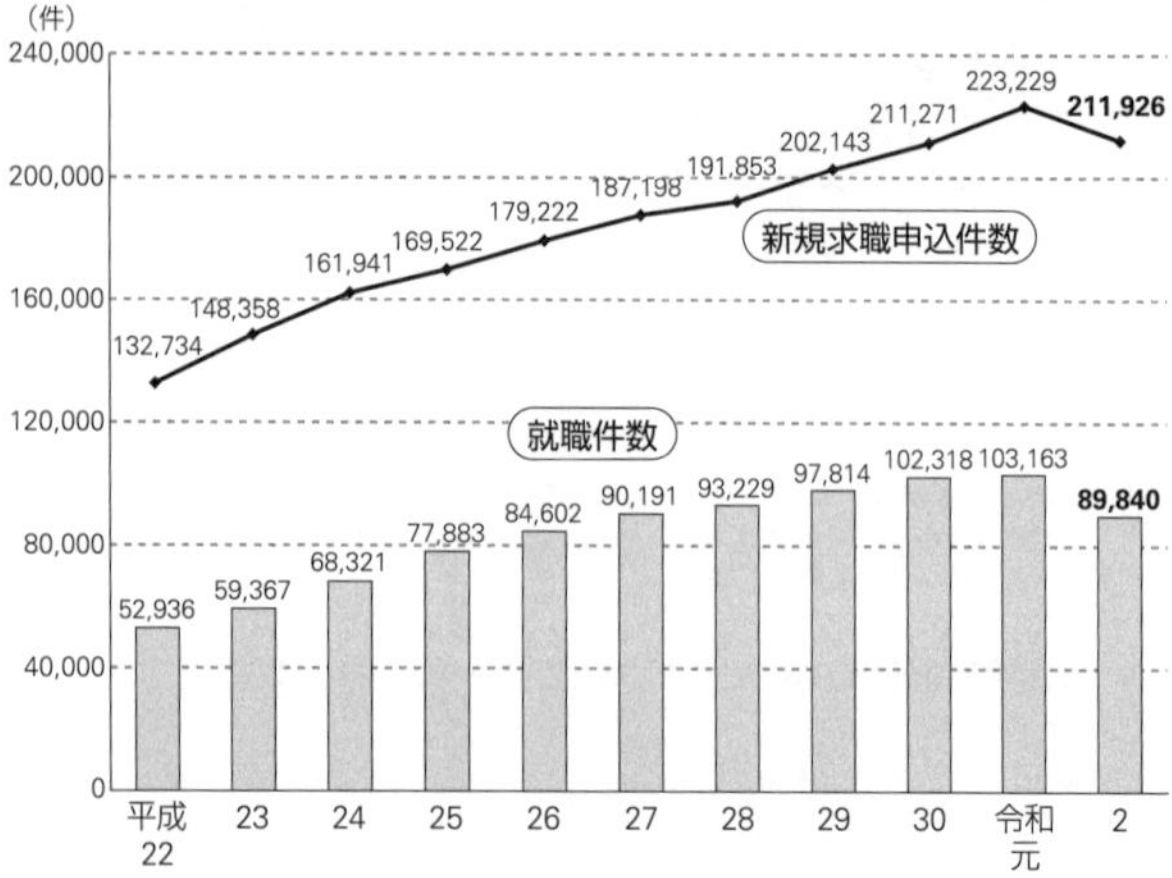

出典：令和2年度 ハローワークを通じた障害者の職業紹介状況(厚生労働省)

割った就職率も42・４％と前年度より４ポイント近く減少しており、新規採用の厳しい事情がうかがえます。厚生労働省によると製造業、宿泊業・飲食サービス業、卸売業・小売業など、とりわけ障害者が応募しやすいとも言われている業種の求人数が減少しているようです。

合理的な雇用システム「特例子会社制度」「障害者雇用納付金制度」

もう一つ、「特例子会社」という言葉をご存知でしょうか。

特例子会社とは、親会社の実雇用率に算入できる、障害者の雇用に特別の配慮をした子会社のことをいいます。

厚生労働省の調べによると、２０２１年６月１日時点で特例子会社の認定を受けている企業は５６２社あり、特例子会社で雇用されている障害者の数は４万１７１８人でした。内訳をみると、身体障害者は１万１８４１人、知的障害者は２万２０２１人、精神障害者は７８５６人と、特例子会社は知的障害者を雇用する割合が高いことが確認できます。

また、障害者雇用に伴う企業間の経済的負担を調整するために、障害者を雇用する企業に対して助成を行い雇用促進を図る、「障害者雇用納付金制度」という制度があります。この制度により資金的な課題がクリアされることで、障害者雇用の法定雇用率を達成する企業が増えると考えられます。

一方で達成企業が増えると、助成の財源である「障害者雇用納付金」が減る構造であり、これが課題だと耳にします。ですが、例えば障害者雇用数が0人の企業が減少して新たな雇用が生まれ、雇用者数が法定雇用率を超える社会となれば、そもそも税収は増加します。また企業の経済活動もより活発となるため、現代においては、まずは雇用者数を増やすこと、そして障害者と共に働く機会の底上げに集中した施策を実行し続けることが望ましいでしょう。

障害者差別と闘ってきた変革者たち

障害のある方が働くということを考えた時、制度の充実だけでは不十分でしょう。世の中の障害者に対する偏見と差別をなくさなければなりません。

障害者就労における、ある意味「闘いの歴史」は、私が生まれるずっと以前からあるものです（図表7）。

図表7　**障害者雇用の歩み**

1964〜1965年	1976年	1987年	〜2007年	〜2013年	〜2018年	〜2022年
太陽の家創設	身体障害者雇用促進法の改正 →雇用義務制度確立（法定雇用率1.5%） →障害者雇用納付金制度創設	身体障害者雇用促進法の改正 →知的障害・精神障害も対象範囲拡大 →特例子会社制度法制化	障害者自立支援法の制定 →雇用と福祉就労の連携を重視 →就労支援A型・B型等の福祉的就労が再編	障害者差別禁止、合理的配慮規定の導入 精神障害者の雇用義務化 障害者優先調達推進法施行	中央省庁等による障害者雇用不適切計上問題 →特別給付金制度 →もにす認定制度（中小事業者）	法定雇用率2.3% 大阪府ユニバーサル就労 東京都ソーシャルファーム 短時間精神障害者の特例カウント

出典：著者作成

かつては、障害のある方がご家族と一緒に街を歩くことでさえ、近所の人から冷ややかな目で見られるような時代があったと聞きます。そんな差別をなくすためにさまざまな人が立ち上がり、社会福祉の歴史が刻まれてきました。そのおかげで、もちろん今もゼロにはなっていないとはいえ、当時と比べて間違いなく差別は減少しているはずです。

１９６５年、初めて障害者を企業で雇用する「太陽の家」がつくられました。前年の東京パラリンピックで旗手を務めた医師の中村裕《ゆたか》氏が、障害者の就労に対して「保護より機会を！」という理念を提唱し、地元の大分県別府市に創設した施設です。オムロン、ソニー、ホンダ、三菱商事、デンソー、富士通エフサス等の日本を代表する大企業と共同出資会社をつくり、多くの重度障害の方を雇用したのです。障害のある人の作業環境の改善や職能を開発し、多くの成果をあげ、ここから障害者雇用政策というものが認識されるようになっていきました。当時、まだ障害者の「保護」すら十分であったと言い難い時代において、固定観念を打ち破り、自らが旗を振って立ち上げ、仲間と共に前例のない未来づくりに挑戦した代表例といえます。現代の言葉を使えば、まさにイノベーターでしょう。

　スタートアップをはじめ、今では大企業も含めて、成功体験にとらわれず、旧態依然とした習慣や仕組みを進化させることに情熱を注ぐ時代です。しかしこの頃から太陽の家のような取り組みがあったということは、日本の先進性を示しています。

　一方でそれに対する批判もあったようです。当事者である障害者やその家族からの批判もあったといいます。「生活するのも大変な身体障害者を工場で働かせるなんて酷い」というような意見です。しかし太陽の家は、「そうじゃないんだ、働く喜びもあるんだ」と提唱し続け、機会を創出し、提供しました。これはいま考えてもすごいことです。旗を降ろすことなく揚げ続けたその功績には目を見張るものがあります。

　そうした時代があって、大先輩方が歴史を変えてきました。その本質をきちんと捉えれば、先に述べたような就労困難という社会課題はまさに「今」、絶対に解決しなければならないことだと思います。私たちは、このように業界がつくってきた歴史の上に連なる一つのページであり、そうした方々と一緒に歩んでいきたいのです。

企業の重要戦力でもある精神障害者の雇用状況

少子高齢化社会が加速し、かつ労働人口の減少がほぼ確定している日本。人手不足が日本の経済に与える影響は大きく、無視できるものではありません。

過去から直近までの、障害のある方の人口推移を障害区分（身体・知的・精神）ごとに示したグラフ（**図表8**）をみると、日本社会が人口減少を辿る一方、障害者の数は年々増加していることがわかります。とりわけ働き盛りの世代の精神障害の方が増加しているのです。

一方、身体障害は高齢化率が高まっており、あまり増加していません。特に増加しているのは、発達障害を含む精神障害者、知的障害者です。今後、障害のある方が仕事を通じて活躍する未来を考える際には、この精神障害や発達障害、知的障害が大きなテーマとなります。

日本では「障害者雇用促進法」によって企業に対し障害者の雇用が義務づけられていますが、もともと「精神障害者」はこのカウント対象に含まれず、身体障害者・知的障害者のみ

図表８　**年齢別障害者数の推移**

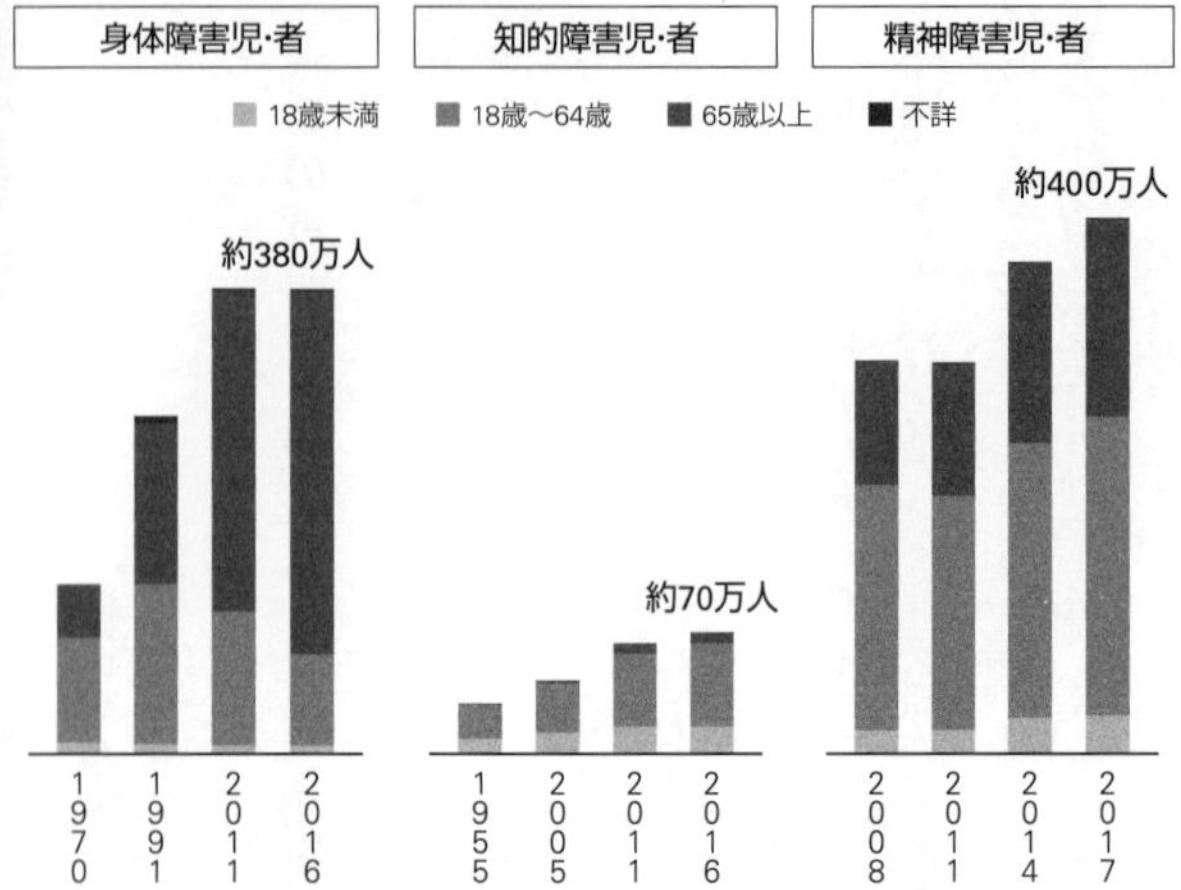

出典：令和４年版　障害者白書

が雇用義務対象者となっていました。しかし、２０１８年４月１日の改正を機に「精神障害者」も雇用義務の対象に追加されました。これをきっかけに、精神障害者を含めた雇用を積極的に進める企業が増えています。

法制度の改訂に伴い、企業による精神障害者の雇用者数は右肩上がりで増加し続けており、２０２１年には全国で約９万８０００人の精神障害者が雇用されています。10年前と比較すると、約７・５倍の雇用数となっています。

これは単純に精神障害者の数、つまり障害者雇用促進法における「障害者」の定義である障害者手帳の保有者数が増加傾向にあることにも起因していると考えられます。

ミスマッチをベストマッチにする「入口戦略」「出口戦略」

先述の通り、精神障害者の雇用数は右肩上がりで増え続けているものの、採用後の「定着」の面ではまだまだ課題があります。実は障害別の職場定着率を見てみると、精神障害者の離職率が最も高く、およそ50%が1年以内に退職しているというデータが出ています。

精神障害者の定着における主な課題として、業務のミスマッチや現場でのコミュニケーションがうまくとれないことなどが挙げられます。長期の雇用定着を達成したい企業にとって早期退職は悩ましい課題です。

障害者雇用の実雇用率は、過去最高を更新し続けています。しかしその数は、全世代の障害者手帳保有者数の6%にすぎません。18歳以上の世代で区切っても9%程度であり、企業と障害者が共に働く社会を実現するためには、さらなる雇用戦略が重要になります。障害者を義務的に雇用することは、社会保障や社会的機能の観点からは必要不可欠ですが、「ミスマッチ」ではなく「ベストマッチ」な雇用サイクルが回り続ける仕組みも同時に必要です。

詳細はこの後の章でもお話ししますが、私たちは障害者雇用における入口戦略と出口戦略を次のように考え、実行しようとしています。

障害者雇用における「入口戦略」

・直接雇用の有無にかかわらない企業と障害者が共に働く機会の底上げと、企業における障害者雇用ノウハウの蓄積
・ミスマッチを事前に防ぐための一人ひとりの能力や特性が記録されたプロファイルデータの構築と共有の仕組みづくり
・入社前実習や研修だけではない、本番さながらの実践型プログラムの実現（現行のトライアル雇用に近く、業務委託等を通じた実務経験の蓄積が重要）

障害者雇用における「出口戦略」

・ミスマッチ後のキャッチアップ体制とコンバートシステム（ベストマッチする企業等へ本人の意思と客観的データ等を活用しながらキャリアチェンジできる仕組み）
・就労データとヘルスコアを組み合わせた「信用スコア」の実現（積み上げ方式とし、ミ

スマッチを個人の能力や特性の責任にされない仕組み）

これらの戦略は、一部の企業や支援事業所・障害者だけが遂行しても、残念ながら実現可能性は低いです。しかし政府や自治体、多数の企業や業界団体がコンソーシアムとして一丸となって実行できれば、未来は必ず切り拓《ひら》けます。

難病者らの「制度の狭間」に議論と未来を

ここまでは「障害者手帳を保有している方」を中心とした障害者雇用の現状と課題について触れてきました。しかし日本には手帳を取得できないまま何かしらの社会的障害と向き合い続けている方々もたくさんいます。そのうちの一つが「難病」です。

「難病」と一言でいってもその実態は複雑です。「難病者の社会参加白書」という資料をベースに、少し詳しく解説させてください。

日本にはおよそ７００万人を超える難病者がいるとされ、この数は障害者手帳の保有者数７２７万人と同程度です**（図表9）**。数十万人に１人という極めて珍しい難病もあれば、患

図表9　障害や難病のある人の国内における状況

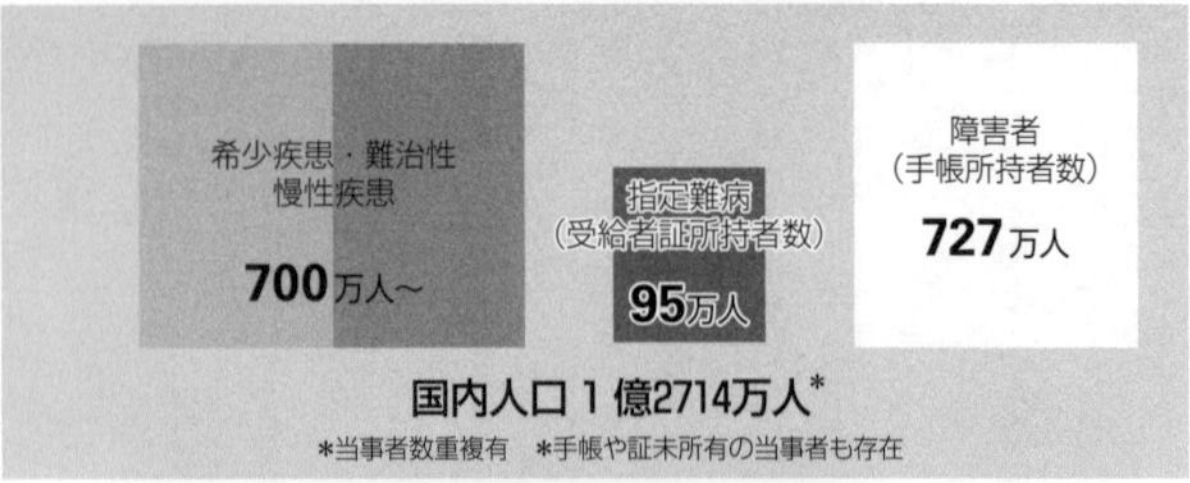

<table>
<tr><td></td><td>希少疾患・難治性慢性疾患</td><td>指定難病（受給者証所持者数）</td><td>障害者（手帳所持者数）</td></tr>
<tr><td rowspan="3">法制度</td><td rowspan="2">――</td><td>難病の患者に対する医療等に関する法律</td><td>障害者雇用促進法</td></tr>
<tr><td colspan="2">障害者総合支援法</td></tr>
<tr><td colspan="3">生活保護法、障害者差別解消法</td></tr>
</table>

出典：難病者の社会参加白書（難病者の社会参加を考える研究会）

者数が数十万人規模の難病もあります。先天的か後天的か、進行のペースや治り方も千差万別ですし、治療費の負担や生活苦、将来（結婚など）への不安など各自が種々の困難を抱えています。

　また白書曰く、多くの難病者の共通点は「職場では病状を隠しながら、同僚にも病気のことをなかなか言い出せず、一人で悩んで孤立する傾向にあること」です。そしてその背景には、難病者に対する社会の認知が進みにくい現状があるとされます。制度の充実はもちろん必要だけれど、そもそも「難病」の定義から漏れている難病者が多数いる現状がきちんと把握されていないのではないか、と問題提起がなされているのです。

障害も含めて、ケアの世界では「医学モデル」「社会モデル」という考え方が存在します。大まかにまとめると、前者は、困難を個人が解決すべき問題・状態と捉えて個人を治療するアプローチであり、後者は、個人を包摂する社会の側に不備・不足があって障害や難病とみなされてしまう現状に問題があると考えて、社会の側を改善するアプローチです。

そして白書では、例えば難病法のような医学モデルや障害者総合支援法のような社会モデルでは難しい部分をカバーするべく、「一人ひとりの『生きづらさ・暮らしにくさ』を尺度にし、難病者のニーズに応じた支援までを組み入れたモデル」が必要だと訴えています。現状の説明で述べられているように、難病者という括《くく》りの中には多様な症状や困難が存在するだけでなく、個々の置かれた社会経済的状況も異なるからです。

なお、これまで図表でも説明した障害者雇用率の数字に、難病者は（一部を除いて）含まれません。障害者雇用促進法はあくまで、何かしらの「障害」ゆえに仕事や生活がままならない人を対象としているからです。そして障害者雇用の制度も、障害者手帳を取得している人に限定されます。つまり、難病などで苦しんでいるけれど手帳のようにそれを証明できるもの、制度化されたものが得られていないために、就労の機会を制限されている人が相当数存在するのです。どちらも社会がセーフティネットとなる必要があるのは明白ですが、差がついてしまいます。

こうした手帳を持たない人たちは行政の調査対象からも漏れてしまうので、実態の把握が進みません。このことも現状に追い打ちをかけています。先の白書ではさらに、一部の「指定難病」に調査が集中することや、指定難病を抱える人が支援制度を知らなかったり手続きの煩雑さにくじけたりして、支援を受けにくいことも指摘しています。実際、「障害者総合支援法」は指定難病者等に対して就労支援と定着支援を行っているのですが、認知されていない実態があるといいます。

最後には「制度の狭間におかれたままになっていたことが可視化され、難病者の多様な働き方をきっかけに、社会参加のための議論が始まることを期待したい」と述べられていますが、これには強く同意するところです。

法定雇用率制度を基盤としたインクルーシブモデル

現在は一定の基準を満たした企業に法定雇用率が課せられていますが、障害者を義務的理由のみで雇用するのではなく、共に働くことが経済価値・社会的価値を高め日本経済を成長させると証明できれば、将来的には法定雇用率そのものが撤廃されるかもしれません。

とはいえ、社会変革は目に見えにくいものです。段階を経ながら一つずつ進化を積み重ね、10年～20年を振り返った時に、初めて現代が「大変革期」であったことがわかるでしょう。この進化の積み重ねに、私たちも強く貢献したいのです。

ここからは、私たちが目指す姿である「インクルーシブ（inclusion）」についてお話しします。

現代が、性別や国籍、宗教などを超えて多様性を認め合う時代であることは論を俟《ま》たないでしょう。特に、マイノリティ（少数者）とマジョリティ（多数者）の共生は世界で求められています。障害の有無も当然その中に入るし、最近はＬＧＢＴ等に関する活動を目にする人も多いでしょう。例えば障害のある子どもが平等な教育を受けられることが基本的人権だということは、国連などでも言われ続けていることです。

いろいろな背景を持つ人々が互いを認め合い、誰かが誰かを排除することなくみんなで生きていける。それがインクルーシブ（包括的・包摂的）社会です。インクルーシブの対義語は「エクスクルーシブ（exclusive）」、すなわち「排他的」であることからも、「誰かを排除することなく」という意味がわかります。

図表10 バリアフリーからインクルーシブまで

バリアフリー（barrier free）	社会生活を送るうえで障害となるものを取り除くこと
ユニバーサルデザイン（universal design）	だれもが利用しやすい製品や環境であるための設計（デザイン）
ダイバーシティ（diversity）	人種や国籍、宗教、性別、年齢などを問わない「多様性」
ノーマライゼーション（normalization）	標準化、常態化。「特異な状態が当たり前の状態になること」といった意味
インクルーシブ（inclusive）	包括的。インクルージョン（包括、抱合）が名詞でインクルーシブは形容詞

出典：ノーマライゼーションとインクルーシブの違いとは？ 日本のインクルーシブ教育の課題（TRYZE MEDIA）

社会の多様化が実際に加速してそれへの理解も追いついてきた今、インクルーシブ社会に注目が集まるのは自然なことです。学校、職場、近所……どこにでもマイノリティとされる属性を持つ人はいるでしょう。

インクルーシブ社会という考えが広まるまでにはいくつかの段階を経ています（**図表10**）。

例えばバリアフリー。これは聞いたことのある人も多いかと思います。障害のある人や身体能力が衰えた高齢者なども不自由することなく暮らせる社会のことです。車いす利用者のために段差をなくしたり、目の見えない人のために点字ブロックを設置したりするのがわかりやすい例でしょう。文字通り「バリア」をなくすわけです。インクルーシブ社会も当然、バリアフリーは大事にしています。それを前提として、さらにマイノリティや多様性に目を向け、それを認め合う社会という考えです。

他には「ユニバーサルデザイン」も聞いたことのある人が多い言葉でしょう。国籍や言語、年齢、性別などが違っても、誰でも簡単に利用できることを目指す製品設計（デザイン）のことを指します。必要な情報がすぐにわかったり、使い方が簡単で、仮にミスをしても問題が起きないような仕組みにすることです。

さらにはバリアフリーと似た考えとして、「ノーマライゼーション」という言葉も使われることがあります。ノーマライゼーションもまた福祉に関わる言葉ですが、やや専門的な用語であり、説明の必要があると思います。これは日本語にすると「標準化」となりますが、つまり障害があってもなくても、全ての人が「標準的」な権利を享受できるように、同等な生活を送れるようにしようという考え方です。ノーマライゼーションは社会福祉的な立場からの理念であり、元来は施設へと隔離された知的障害者が健常者と同じような社会生活を共に送るべきだという考えからスタートしています。

「協働」「流動」、そして「インクルーシブ」へ

本書では、障害者等の就労に焦点を当てた「インクルーシブ雇用」について整理します。

インクルーシブ雇用が実現する未来

① 障害の有無にかかわらず、共に働く仕組みがある
② 法定雇用率のみならず、雇用関係の有無にかかわらない多様な協働方法が評価されている
③ 障害者が仕事における経験を積み上げる仕組み（キャリアの積み上げ）から排除されない
④ 主に生活している地域で就労機会が与えられる
⑤ 「合理的配慮」が提供されている
⑥ 就労環境以外で、障害の有無にかかわらない人的交流ができる機会を増やしていく（協働関係人口の底上げ）
⑦ 収入を増加させたい意志に、合理的な範囲で応えられる選択肢がある
⑧ 共に働くことを追求しつつ、就労支援事業所や相談支援事業所といった場を用意する

必要がある

⑨　夢を持つことが賞賛され、またその夢を実現するために必要なロードマップが描かれる環境が用意されている

⑩　障害の有無にかかわらず、経済合理性と社会性の二つの軸で物事を思考する教育が提供されている

こうしたインクルーシブ雇用を実現するために必要なのは、長期シナリオを描くことです。目の前の事業や課題の解決が大事なのは言うまでもありませんが、社会全体を進化させるためには、「あるべき姿」からの逆算が必要です。私は、インクルーシブ雇用のためには大きく次の三つのモデルを段階的に実現していくことが重要であると考えています。

①　協働モデル

既存の障害者雇用は常に法定雇用率という法制度とセットで考えられていますが、雇用契約の締結有無にかかわらず、適切な環境や合理的な条件があった上で、企業や事業活動の戦力になるか否かという労働市場の原理原則をベースに考えるモデルが「協働モデル」です。

障害者と雇用関係を締結する・しないにかかわらず、共に働く機会を底上げさせることが重要になります。

第3章で詳しく説明しますが、日本の経済を支える重要な労働人口は少子高齢化に伴い減少することがほぼ確定しています。また、旧態依然とした商習慣や仕組みのままでは、世界との競争力を失いかねません。いかにして社会に、世界に、より良い価値を創出できるかを追求し続けなければならないのです。その重要な一手となるのが、協働モデルです。

人材不足で事業成長に伸び悩む企業、持続可能な新たな価値を創出したいけれどアイデアに留《とど》まり、実行まで至らずに悩んでいる企業。障害等のある方と力を合わせて共に働くモデルはこうした企業に対して人材不足を解消するのみならず、既存事業や新規事業に新たな価値を芽生えさせます。繰り返しになりますが、このモデルにおいては法定雇用率にカウントされるかどうかなどは関係ありません。業務委託なども含めて共に働くことで新しい意味・意義・価値が生まれるのです。

②　流動モデル

協働モデルにより、これまで関わりのなかった人々が「仕事」を通じて協働し、企業や事業が掲げるビジョン・ミッションを達成する体験が日本全国で普遍的に生まれます。そうなれば、次に訪れるのは流動モデルによる「活躍機会の最適化」です。

流動モデルは、自身の能力や特性を定性かつ定量的に把握し、より一層パフォーマンスを発揮できるキャリアが選択でき、雇用流動性が適切に活性化される仕組みです。これも労働市場の原理原則に基づいた形であり、何も特別なことではありません。企業内でいえば、キャリアパスやキャリアアップ制度といったものにあたります。

キャリアパスとは経営学の用語で、将来自分が目指す職業を踏まえた上で、どのような形で経験を積んでいくかという計画と実行を意味します。例えばその人のキャリアが社内で達成された時、自然と転職や起業が視野に入るでしょう。

協働モデルにより、さまざまな部署の方々が、社外の障害等のある方とビジネスを遂行し、ビジョンやミッションの実現を目指します。これらの経験を全社で積み上げることにより、自社で初めて雇用する障害者や、すでに雇用されている障害者のキャリアパスが格段に描きやすくなります。また、こうした企業が社会全体で広がることにより、障害等のある方も自身の能力や特性をより一層発揮できるキャリアを選択しやすくなり、雇用流動性が適切に活性化されることになります。これが流動モデルです。

③ インクルーシブモデル

まず協働モデルにより、誰もが社会や企業のビジョン・ミッションを実現することを目的に協働する機会が増加され、共に働き、共に喜び合える社会づくりが加速します。

そして流動モデルにより、企業で働く方と同様に、障害等のある方も自己実現を達成する選択肢が増え、仕事における自己成長のみならず、たった一度の人生・時間を、自身の意志で選択できる社会となります。ライフプランの選択肢が増加し、拡張する社会です。

その先にある未来が、インクルーシブモデルです。42ページに記載した10項目が社会に整備されている状態であり、私はこの状態を目指しています。いわば企業活動・事業活動におけるビジョンやミッションを達成するために、一人ひとりの能力や特性が補完し合い、連動し、自己実現をも叶えられる仕組みです。

現代社会では、まだまだ「障害等があっても大丈夫」といえる仕組みは完成していません。私自身にも、自分が創業した会社でもっと多くの障害等と向き合っている人たちと一緒に働きたいけれど、実現可能性や本人に生じるリスクを合理的に考えて断念せざるを得ないという悔しい経験が積み重なっています。

だからこそインクルーシブモデルを実現する第一段階として、「協働モデル」に既存の制度やサービスと連動しうる価値があることを証明したいと考えています。その証明のために、私たちは挑戦し続けているのです。

こうした社会変革は、既存の法制度が整備されているからこそ挑戦できる「攻めの領域」でもあります。

法定雇用率は、一つの強力なインフラとして機能しています。ただ一方で、世界には法定雇用率を廃止した国もあります。これにも当然ながらメリット・デメリットがありますが、法定雇用率の有無にかかわらず、共に働き、共に失敗し、共に成果を喜び合うことは可能です。それにより成し遂げられる事業成長は社会成長であり、人類の進化です。

海外の障害者雇用の事情

日本の障害者雇用制度は、仕事を通じて社会参画し、かつ誰かの役に立ちながら、自分自身の存在価値を強く実感し続けるために必要な仕組みの一つとなっています。

障害者雇用に関する法制度は世界各国でも整備されており、多様な形が存在します。いくつか海外の例に目を向けてみましょう。法定雇用率の有無だけでなく、制度設計自体が異なることに注目してください。

ちなみに日本の制度はドイツを参考に設計されており、いくつかの類似点があります。納付金を原資とした給付金制度や、助成金制度の運営、納付金を支払っても雇用義務が残ることなどがあげられます。

法定雇用率を採用している国

① ドイツ

・従業員20人以上の企業ごとに、全従業員の５％に該当する数の障害者を雇用しなければならない。民間企業の実雇用率は、４・１％（２０１４年）。

・障害程度の認定は、市又は州の援護局が、主治医の鑑定意見等と、援護局の内部医師が作成した鑑定意見をもとに判定。認定に当たっては、医学的な機能障害のみならず、社会生活への影響が審査される。

・納付金を原資として、各州が運営する給付金制度のほか、連邦雇用エージェンシーが運営する助成金制度がある。
・納付金の支払いは、障害者の雇用義務を免責するものではない。障害者を雇用しない使用者は、１万ユーロ以下の過料が課されうる。

出典：厚生労働省「フランス及びドイツの障害者雇用促進制度について」

② フランス

・従業員20名以上の事業所ごとに、全従業員の６％に該当する数の障害者を雇用しなければならない。民間企業の実雇用率は、３・３％（２０１４年）。
・障害労働者認定は、県障害者センター内に設置された障害者権利自立委員会が、センター内の学際チームの意見を聴取した後に実施。１～５年の有効期限がある。認定に際し参照される基準は、特に用意されておらず、障害労働者認定の申請を行った者が、障害労働者の定義に当てはまるかどうかが、個別具体的に検討される。
・重度障害であるか否かは、障害者が就いているポスト（仕事）との関係で決まる。

労働環境について適切な措置（使用者の負う義務）がなされた後に実施される。そのため、労働環境が良いと、重度障害認定がなされないこともある。

・3年以上にわたって、納付金以外の方法によって雇用義務を果たしていない企業には、企業規模にかかわらず法定最低賃金時給の１５００倍の納付金が課せられる。この額は、労働者1人を最低賃金で1年間雇った時の費用に等しいとされている。

・雇用義務を全く果たしていない企業（納付金の支払いもしていない企業）には、法定最低賃金時給の１８７５倍に当たる額の国庫への支払いという制裁が科せられる。

・公的機関の行う入札では、雇用義務の遵守状況を示す文書の提出が要求されることがあり、雇用義務の不遵守は、入札への参加拒否事由にもなりうる。

出典：厚生労働省「フランス及びドイツの障害者雇用促進制度について」

③ **韓国**

・常時50人以上の労働者を雇用する事業主は、5%の範囲内で大統領令が定める比率（法定雇用率）以上に障害者を雇用しなければならない。法定雇用率は２０１２年時点で、国および地方自治体、公共機関で３％、民間企業で２・５％となっている。

・常時１００人以上の労働者を雇用する事業所が法定雇用率を達成できない場合、法定雇用率に従って雇用義務のある障害者数から常時雇用している障害者数を引いた未達成人員数に、負担基礎額を乗じた額を月単位で算定し、年間合計額を障害者雇用負担金として納付しなければならない。

・負担基礎額は、障害者雇用割当数の達成率に応じて、75％以上の場合は59万ウォン（約６万２０００円）、50％以上75％未満の場合は73万７０００ウォン（約７万７０００円）、50％未満の場合は88万５０００ウォン（約９万３０００円）、０％の場合は95万７０００ウォン（約10万円）という四つのカテゴリーに区分される。

・企業が障害者を数多く雇用する「標準的な職場」を子会社として設立した場合、企業に対し10億ウォン（約１億４００万円）を上限に助成金を支給している。認定基準は、フルタイム労働者の30％が障害者であり、そのうちの50％が重度障害者に分類される職場がこれに該当する。

・「標準的な職場」で働く障害者の数は、親会社の障害者雇用割当数の達成率の計算に含めることができる。

出典：独立行政法人労働政策研究・研修機構「障害者の雇用促進のための制度改革」

法定雇用率を採用していない国

①　**アメリカ**

・アメリカの障害者雇用対策は、基本的に自由競争、機会均等という考え方に基づいており、保護的な施策は避けるという方向で進んできている。そのため、雇用率制度やそれと連動する納付金制度はとっていない。

・ただし、障害者の雇用差別を禁止する条文が含まれるリハビリテーション法が存在し、差別禁止を通じて雇用の促進が進むであろうと期待されている。

・連邦や州が負担する職業リハビリテーションサービスなどの雇用支援施設が存在し、職業訓練やカウンセリング等を行っている。

・障害者の雇用促進のための企業に対する施策には、雇用上の差別禁止措置に加えて税制上の優遇措置がある。

・アメリカでは起業が尊重されており、障害者の就労の機会としても重視されている。実際に、障害者で自営する人の割合は一般の人の約２倍（８％）であるという。

出典：障害者職業総合センター「諸外国における障害者雇用対策」

② **イギリス**

・イギリスでは１９９５年に制定された「障害者差別禁止法（ＤＤＡ）」の雇用条項が翌年12月に施行された際に、障害者（雇用）法の障害者登録制度、雇用率制度および指定職種制度などは廃止された。

・それ以前は従業員数20人以上の民間企業に対して、従業員総数の３％以上の主として第１種登録障害者の雇用を義務づけるルールがあったが、努力義務であったことや制度のメリットがなかったことからほとんど達成されなかった。

・企業への義務あるいは援助措置は少なく、「障害者の雇用機会を拡大する最も有効な方法は、事業主に障害者の能力と、彼らを雇い入れることの経済的メリットを認識されること」とされている。

・障害者の就業支援としては、就労手当や訓練手当などが存在する。また、政府出資による「レンプロイ公社」の保護雇用も存在する（筆者注：２０１３年に解体された）。

出典：障害者職業総合センター「諸外国における障害者雇用対策」

③ スウェーデン

・「全ての者に仕事を」がスウェーデンの雇用政策の目標であり、障害者雇用対策は一般の労働市場施策の一部として実施されている。言い換えれば、障害者雇用率に代表される割り当て雇用など特別な方法をとらずに、一市民としての労働権の保障という観点からの施策を展開している。

・一般の労働市場で職を見つけることのためのプログラムを通じてもなお、それが実現できない障害者については、賃金補助を受けながら一般の事業所での就業を行うか、かつての国有会社で現在は有限会社となっている保護雇用グループ「サムハル」での就業という選択肢が準備されている。

・一般企業で就業しても、賃金補助によって企業で働いても、サムハルで雇用されても、経済的な側面ではさほど大きな違いはない。基本的権利としての労働を保障していくための積極的な労働市場施策がその特徴といえる。

出典：障害者職業総合センター「諸外国における障害者雇用対策」

サムハルについては、とても参考になる取り組みですので、後ほどコラムで詳しく紹介します。

海外の取り組みを数カ国取り上げましたが、私はこれらを参考にしながらも、まずは日本でのモデルを進化させ続けたいと考えています。当然ながら、逆に日本式の就労支援モデルが外国から参考にされることもあります。海外のモデルを柔軟に取り入れつつも、日本版のインクルーシブモデルを構築させ、就労困難者ゼロ社会を世界初で実現する。世界中で、全ての人類が「失敗しても良い社会」「常にチャンスがある社会」にしたいのです。

【コラム①】スウェーデン「サムハル」の取り組み

第1章でスウェーデンの障害者雇用制度を解説した際に触れた、サムハルという国営会社について取り上げます。

サムハルで働く人の90％は何らかの障害を持っています。知的障害・精神障害・身体障害はもちろんのこと、アルコール依存症や麻薬中毒の患者もいるそうです。しかし、サムハルは持続可能かつ高品質なサービスを提供することで、誰もが労働市場で貴重な戦力と見なされるようになることをビジョンとしています。適切なサポートを与えられたら、誰もがしっかり働けると主張しているのです。

サムハルが発行している通年レポート（２０２０年版）によると、従業員数は2万５０６６人。収入は31億１９００万スウェーデン・クローナ（約４１３億円）で2億３２００万スウェーデン・クローナ（約30億円）の利益を上げています。数字をみるだけでも立派な企業といえるでしょう。

サムハルは１９８０年に社会的企業として設立され、現在は製造業分野、サービス業分野、労働者派遣事業分野の３分野で事業を展開しています。例えば同国を代表する企業であるエリクソンの携帯電話、イケアの家具などもサムハルが製造に大きく関わってきたそうです。また、サムハルは企業体ですから、利益を出すというビジネスにおける「普通のこと」も求められています。例えば次の通りです。

・最低30％の自己資本比率を達成する（２０２０年：39％）
・長期的に最低５％の利益率を達成し続ける（２０２０年：16％）

その他にも持続可能性や環境負荷の低減、雇用者の労働時間の確保などさまざまな目標が設定されており、レポートではそれらの目標が達成できているかを振り返っています。例えば新しい雇用という観点では、これまで世界１５３カ国の人がサムハルの従業員となっており、サムハルでの経験を生かして外での就職につなげた人はのべ４万人を超えるそうです。また、このレポート自体が非常にわかりやすく、かつスタイリッシュに整理されていることからも、優秀な企業である印象を抱かせます。

サムハルは経営ミッション・事業ミッション・民間企業との競争に対する批判など、さまざまな重圧を抱えながら、未来づくりを推進していることでしょう。障害等のある方が仕事を通じて活躍し続けられる仕組みが構築されれば、当然ながら競合となりうる企業も「既存事業を進化させなければならない」と、競争力学がはたらき、新陳代謝が活性化します。

現に私たちが展開するモデルにおいても、民間企業から事業提携・連携・新規事業開発のお話がひっきりなしにあります。とてもありがたいことですし、これは新しい資本主義への進化の表れだと感じています。

私たちも競争関係ではなく協働関係となり、持続可能なモデルで、常にマーケットに耳を傾け、新たな需要を発見し解決することに総力戦で挑んでいきます。

第2章

世界トップクラスのポテンシャルを秘めた就労支援業界

この章では、就労困難者を支える国の仕組みであり、私たちの現在のビジネスモデルの核にもなっている障害福祉サービス「就労継続支援事業所」について、制度や一日のスケジュールなどマクロとミクロ双方の視点から紹介します。就労支援業界の秘めるパワーと抱えている課題、巨大なアセットと仕組みを活かした世界展開への可能性を感じ取っていただけると思います。

日本特有のインフラ「就労継続支援事業所」

私は障害の有無にかかわらず、企業の中でさまざまな人たちが連動し、事業活動を通じて社会に新しい価値を提供できる社会を目指しています。そのためには第1章で整理したインクルーシブ雇用の実現が求められますが、それには段階的かつ高度な仕組みづくりが必要不可欠です。なぜなら企業等で活躍するためには、当然ですが就労訓練を積み重ねていく必要があるからです。そして、その仕組みが日本にはあります。そのうちの一つが、障害福祉サービス「就労継続支援事業所」です（以下「就労支援事業所」「事業所」と略すことがあります）。

障害のある方の目線からすると、就職したくても誰もが就職できるわけではないのが今の日本社会の現実です。そこで厚生労働省は、仕事を通じて就労の機会や収入を得る機会を希望しながらも企業に就職できていない障害のある方々が、就労・訓練を通じて社会参画できる障害福祉サービスを提供しています。それが就労継続支援事業所です。

　事業所との出会いは、私たちの事業モデルの大きなターニングポイントとなりました。事業所で働く障害のある方々は、当然ながら仕事への価値観は人それぞれであることが前提ではありますが、「就労困難者」という社会課題の当事者であると同時に、日本経済を牽引できる貴重な人的資本であり、これからの主役です。

　事業所がどのようなものか詳しく説明すると、企業で働く一段階手前の「中間就労」という位置づけで障害者が働ける、社会保障費を財源にした障害福祉サービスです。現在、事業所を利用している人は全国で約40万人いて、一事業所あたりおよそ20〜30名の障害を持った方々が在籍し、職員の管理のもと企業や自治体から受注した仕事を行ったり、就職に向けたさまざまな訓練が行われています。

　事業所には、「A型」「B型」「移行型」の三つのタイプがあります（図表11）。

「A型」は、事業所と障害のある方が雇用関係を結び、仕事の提供を行います。雇用型なので安定的に働け、最低賃金も保障されているのが特徴です。平均月収は７万７０００円程。

図表11 **就労継続支援事業所の分類**

	A型 事業所に雇用されるため、安定的に働ける	**B型** 非雇用のため、無理なく自身のペースで働ける	**移行型** 企業へ就職するための、訓練施設 （予備校のような機能）
概要	障がい者（利用者）の方と雇用関係を結び、事業者は利用者に対して仕事の提供を行う	通所をして授産的な活動を行い工賃をもらいながら利用する	働くために必要な知識や能力を身につける職業訓練や実習、また就職後には職場定着支援を行う
目指す先	一般就労（企業就職）	一般就労もしくはA型事業所	一般就労
雇用形態	雇用型	非雇用型	非雇用型
利用者数	約7.2万人 （**3,757**事業所）	約26.9万人 （**13,441**事業所）	約3.43万人 （約**3,500**事業所）
賃金所得	時給（最低賃金保障）×勤務時間	（作業工賃ー経費）/人数	職業訓練や実習が主となるため、賃金所得の算定は困難（作業工賃が発生する際には、利用者に支払われている）
平均収入	約**8.0**万円/月	約**1.6**万円/月	就職準備施設のため算出不要

上記３サービスにおける、全国の就労支援事業所総数は約２万箇所（ローソンの店舗数とほぼ同等）

出典：「障害福祉サービスからの就職者について」「令和２年度工賃（賃金）の実績について」（厚生労働省）などをもとに著者作成

身体障害、精神障害者の利用が多い傾向があります。具体的なスケジュールは次のようなイメージです。

９時〜10時頃に事業所へ出社。３〜５名の支援員と、利用者20〜30名と一日を過ごします。朝礼後、その日の仕事の指示を受け作業を開始します。作業内容は事業所ごとに異なりますが、内職やＰＣ作業、清掃、製造などの作業が多いです。休憩しつつ作業を進め、お昼になったら昼食をとり、午後からまた作業の続きをして、14時〜16時頃になると作業を終え、日報（サービス利用報告）を書いて帰宅します。

「Ｂ型」は三つの中で最も多い事業所のタイプで、非雇用型で個別の作業に対して工賃が支払われる形です。平均月収は１万６０００円ほど。無理なく自分のペースで続けられることが特徴です。

「移行型」は、企業へ就職するための職業訓練施設で、働くために必要な知識や能力を身につける職業訓練や実習を行います。これは2年間の期限付きなので、２年で卒業することになります。また、就職後には職業定着支援も行っています。職業訓練や実習が主となるため基本的には収入はありませんが、工賃が発生する作業をした場合は利用者に支払われています。

図表12　A型事業所の生産活動の内容

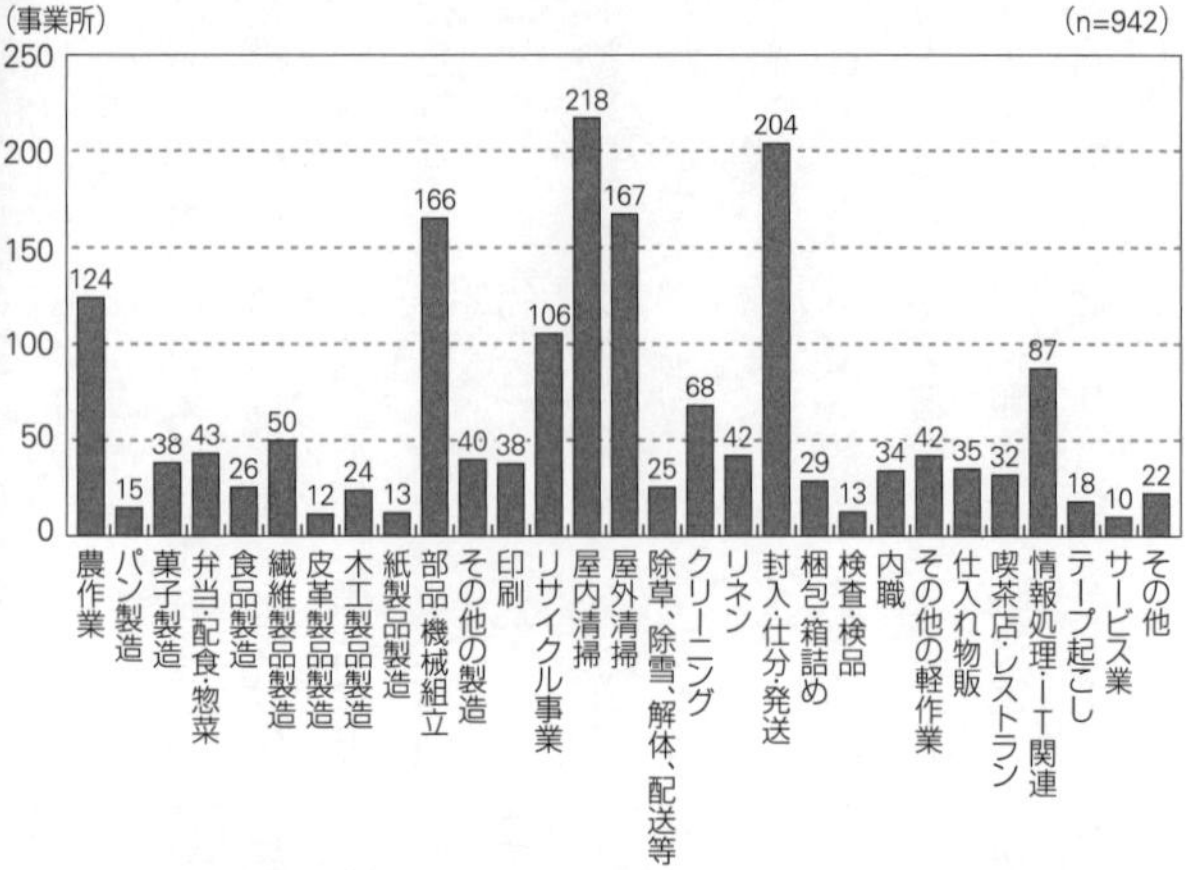

出典：就労継続支援A型事業の課題と今後のあり方について（NPO法人就労継続支援A型事業所全国協議会）

図表13　B型事業所の生産活動の内容

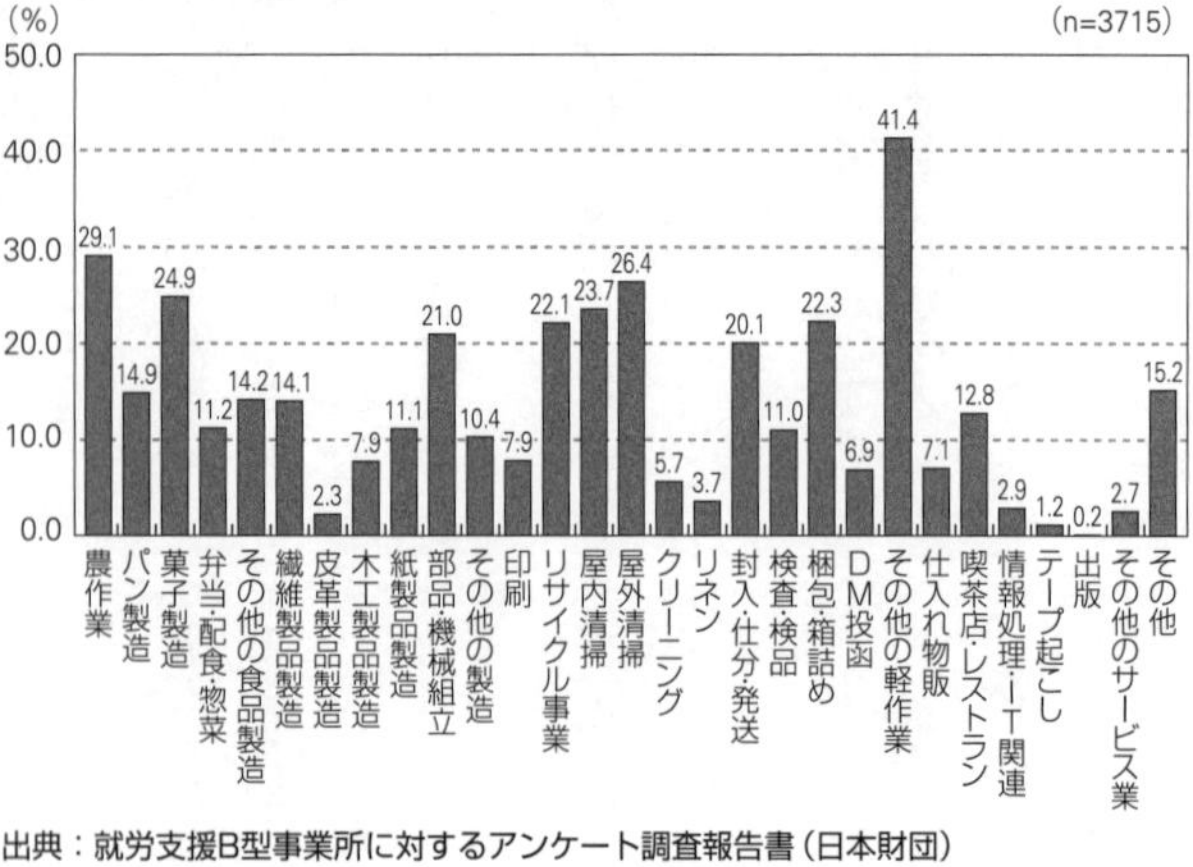

出典：就労支援B型事業所に対するアンケート調査報告書（日本財団）

このように三つのタイプの就労継続支援事業所があるわけですが、ここではＡ型・Ｂ型についてお話しします（図表12、13）。

Ａ型・Ｂ型は、企業から良質な仕事を受注しづらい構造になっています。というのも、支援員の多くは福祉分野のプロフェッショナルですが、企業に対してどのように営業したらいいのかなどについては不安や課題を抱えているからです。何とか営業したとしても、効果的なヒアリングや各社への個別具体的な提案はどうしても難しい現状があります。また、一事業所のキャパシティだけでは、受注できる業務種類や量が限定的になってしまうことなども構造的な課題の一つです。それに、たとえ受注できたとしても、どんなに頑張っても時給換算２００円程度の案件も多く、いわゆる簡単な内職などが安価に取り引きされる構造にもなってしまっています。つまりこれらの課題は、決して支援員のスキルや経験といった人の問題ではなく、仕組みや構造の問題だといえるのです。

就労支援事業所の巨大なポテンシャル

就労支援事業所は「中間就労」と呼ばれており、企業に就職はしていないけれど仕事を通じて社会参画・貢献できる機会を創出しています。このように、就労意欲と能力を持った障害等のある方のキャリアステップに必要な独自の機会が日本では整備されています。しかし前述したように、賃金の伸び悩みや、十分に経験を積み上げにくい構造的な課題と向き合い続けているのです。

一方でこの中間就労が抱える問題は伸び代と言い換えることもでき、巨大なポテンシャルがあります。それは次の通りです。

全事業所約1・5万の総数

・トヨタ自動車全従業員数の約1・4倍の労働供給力（障害者数40万人＋支援員数約10万人
＝トヨタ社全体の約1・4倍）

・ファーストリテイリング社（ユニクロ）が持つ自社ロジスティックセンターの2・6倍にあたる広さと同等の床面積

・ローソンと同等の事業所数（47都道府県に1・5万事業所設置）

・潜在的な労働力市場規模約1兆円

※B型事業所の現在の平均時給は200円代程度、A型事業所は最低賃金に近い水準ですが、良質な仕事の確保・

適正単価化・働く喜びの醸成がセットで連動すれば、一般市場と同等の賃金を得られると考えられます。また、前述した巨大なアセットを活用した潜在的な供給価値をはじめ、支援員の所得向上ポテンシャル等を織り込めば、潜在的な労働力市場規模は約１兆円超あると試算できます。

これだけのポテンシャルがあれば、企業等と共に仕事をするのはもちろんのこと、適切な配慮や環境が整備されていることを前提に、強力なサプライヤーやビジネスパートナーになれる可能性が大いにあります。

しかし、こうしたポテンシャルが十分に生かされているとは言い難いのが現状です。その背景には、いわゆる「経験学習」のサイクルがうまく循環していないことがあると考えています。

企業セクターではお金と仕事が十分に流通していると考えれば、そこで活躍する人たちにはキャリア成長の機会があり、失敗を通じて成長する経験を積み上げることができます。しかし、障害のある方々にはこうした経験を積み上げる機会が十分とはいえない状況です。

繰り返しになりますが、障害者の中には１個１円程度の内職作業を積み上げて、ようやく時給換算で１００円、２００円程度になるような仕事を何年も続けている人がたくさんいるのが事実です。これは、今なお深刻な問題です。こうした反復・単純な作業が障害等のある方の身体的・精神的機能の安定化等を促すことにもつながるため、全てを否定することはできません。しかし、機械化・自動化が進む中で、10年後に同様の仕事があるのかと考え出したら、不安は止まりません。この不安感は誰だって一緒でしょう。

仕事の質という観点のみならず、個々の能力においても、障害等のある方の中には突き抜けた能力や特性を持ち、活躍されている方が大勢いらっしゃいます。ただ、全ての障害者が自身の能力や特性を把握し、仕事で発揮できているわけではありません。就労継続支援事業所で働く方々の多くは、スキルを高める機会や仕組みが十分ではなく、スキルアップできる仕事も思うように受注できていないのです。

「障害者には突き抜けた能力がある」「障害者はすごい」という言葉を時折耳にします。勇気が生まれる言葉であり、こうした言葉が多くの方々に力を与えていると思います。

ただその上で、もしこれまで自身の経験してきたことが、機械化やＡＩなどに代替される可能性のある仕事が中心であり、かつ成長の糧《かて》である失敗経験を計画的に積み上げられる機会がなかった場合、どうでしょう。周りから「障害者は能力がある」と評されても、納得感を得られない方もたくさんいます。

中には過集中の能力を上手にコントロールしたり、高い記憶力を持って仕事ができる方々もいます。けれど、別に自分はそうじゃない。となると、自己否定につながってしまいます。「障害者ってすごいんでしょう？」という話を聞くたびに虚無感を感じる、と語る人もいるくらいです。

従って次の社会ミッションは、具体的にどのような能力が高いのか、特性とは何かといった「ケイパビリティ（能力・才能等）」や、活躍するために必要な行動や条件は何かといった「コンピテンシー」を、関係機関のみならず、当事者一人ひとりが証明できる社会を実現していくことだと考えます。

私たちが暮らすここ日本に必要なのは、教育訓練と実務経験が十分に積み上がっていない多くの方々が、能力や特性を定性的かつ定量的に把握した上で、市場に新たな価値を創出する仕事を通じて大活躍する仕組みなのです。

仕事は人類をつなぐ最強の手段

「本当に障害者でうまくいくの？」

「うちの仕事は難しいだろう」

今の話と矛盾するように聞こえるかもしれないですが、いわゆる健常者と障害者との間にある、仕事における「心理的距離」は、すでにゼロへと向かっていると考えています。ここで言う「心理的距離」とは、右のセリフのような障害者との分断意識を指します。仕事における偏見は、個々のモラルやリテラシーの話ではなく、単に「共に働く機会」が追いついていないために生じている社会的な構造の問題といえます。私たちはこのことを認識しなければなりません。

個々の話でいえば、日々「すでに『心理的距離』なんてないんじゃないか」と感じる瞬間があります。もちろん、広くみればまだまだ偏見や差別は根強く残っていますが、その一方で、共に働き、一緒に活躍するシーンをしばしば見かけるのです。

社会的構造の問題として心理的距離をなくす有力な一手が、テクノロジーの普及です。テクノロジーの進化のおかげで、障害のある方と間にあった心理的距離が劇的に縮まったといえます。

一例が、ノーコードと呼ばれる、ソースコードの記述をせずにすむテクノロジーの進化です。これにより、ウェブサイトを制作するにしても、デザインするにしても、データ入力するにしても、プログラミング等を専門的に学んでいなくとも可能になり、誰でも成長市場の仕事ができるようになりました。

コミュニケーションの領域でも同様のことがいえます。ＬＩＮＥ、Ｓｌａｃｋ、Ｃｈａｔｗｏｒｋといったチャットコミュニケーションツールが誕生・普及したことにより、説明能力やコミュニケーション能力に不安のある方々が、自身の気持ちをスタンプなどで表現できるようになりました。また、相手の気持ちがわからないといった不安からも解放されやすくなりました。対人コミュニケーションが苦手な人は、自身のアバターを使ってチャットしても良いでしょう。テクノロジーはコミュニケーションに革命をもたらし、解決困難であった社会課題の一つを根っこから解決する力を持っています。

心理的距離がなくなったとはいえ、障害者への偏見や差別がゼロになったとはいえません。悲しいですが未だに存在するでしょう。けれど、それはほんの一部だと思っています。単純にこれまで障害のある方と仕事をする機会がなかっただけであって、世の大半のマインドとしては恐らく、すでに共生社会に近いところまで来ています。共に働くというマインドは、すでに社会に認知され広がっているものだと、私は思っています。

やらなければならないことは、就労における社会的な構造改革です。障害のある方と共に仕事をし、多様な思考を取り込み、社会に新しい価値を創出できる「仕組み」こそが必要です。新たな事業を開発する時、人材不足で事業成長が鈍化している時、既存事業をサステナブルモデルに進化させようとする時、障害や難病などのある就労困難者が常に、新たな人的資本の選択肢に入る社会づくりが大切です。そのような新しい労働市場の仕組みをつくり、経済成長と自己実現を加速させるインフラを実装する。これが、私の実現したいことです。

「仕事」は収入を得る手段以外の意味も持ちえます。とりわけ、仕事は人類にとって素晴らしいコミュニケーション手段の一つとなりえます。最強の一手といっても良いでしょう。

誰かと共に働く関係になれば、当然ながら仕事を通じて達成すべき目標が生まれます。売り上げを上げること、お客さんの満足度を上げることなど、共通した目標を持ちます。その目標達成のために、「仕事だからこそ」生まれるコミュニケーションがあるわけです。仕事だからこそゴールが明確で、プラグマティックにコミュニケーションができる。仕事だからこそ証明できる存在価値がある。仕事という共通のミッションがあることでうまく回る関係性がたくさんあります。

企業側も就労困難者側も、仕事は双方の存在価値を認め合う、最強の一手です。

閉ざされた世界を開き、協働関係人口を底上げする

就労困難者には、仕事における人との関わりに対する問題が存在します。一つは第三者から評価される機会が少ないこと。もう一つは、そもそも仕事上で社外の人と関わる意味での「協働関係人口」が少ないことです。いずれも仕事で得られる自己肯定感や満足感に影響しますし、これらが備わってこそインクルーシブ社会といえるでしょう。

就労継続支援事業所を利用する障害等のある方にとって、外部からのポジティブな評価はとても喜ばしいものです。成果物の品質が高い、供給が安定している、発注企業でも気がつかないような作業上における非効率な部分の報告をしてくれる……などなど、高いパフォーマンスを発揮し、企業等に貢献した実績が数多く生まれています。

しかし、これらの高いパフォーマンスを評価するのは、常に事業所内の支援員が中心です。発注企業側から評価を直接得られる機会は多いとはいえません。ある事業所の支援員からは「支援員からの評価よりも第三者からの評価が特に喜ばれ、モチベーションの向上や維持に役立っている」といった話を聞きました。これは就労支援業界に限った話ではないでしょう。私もそうですが、第三者からの評価は素直に嬉しいものです。

また現状は、自身の成果物・納品物が最終的にどのように社会に活用され、その先で顧客や消費者にとってどのような価値になるのかまでを把握できないことが多いです。最終顧客や消費者の顔を思い浮かべながら仕事ができるのとできないのとでは、やりがいに雲泥の差が生じます。

事業所には民間企業から業務を受託する受託事業や、クッキーやお弁当などを製造して利益を得るような自主事業が存在します。受託事業の場合は事業所内で仕事をすることが多いため、事業所の外にいる人とコミュニケーションをとる機会は極めて少ないです。

おそらく経済セクターで働く多くの方々は、仕事における協働関係人口は1以上であることが多いのではないでしょうか。一方、就労継続支援事業所では1事業所あたりの平均取引契約社内数は5社程度であると試算でき、仮に定員数25名で割ると、1人当たり0・25社です（積み上げ式の実績ではなく、現在稼働している取引顧客数にて算出）。1社あたりの先方担当者を1名と仮定すると、事業所以外の仕事における協働関係人口は1にも達しません。

そう考えると、仕事を通じて事業所内の支援員以外の人たちから自分が認められる瞬間はほとんどないであろうことが想像に難くありません。もちろん、発注企業と良好な関係で開けた環境をつくっている事業所もあります。しかし、マクロの視点でいえば大多数は閉ざされた世界の中にいるのです。

就労継続支援事業所の数は１・５万を超えており、これはローソンの店舗数と同じくらいです。47都道府県のシェアもほぼ同じぐらいあります。皆さんの中にローソンを知らない人はまずいないと思います。けれど、就労継続支援事業所のことは知らない方が大半でしょう。事実、私自身も起業当時は知りませんでした。これだけの数があるのに認知度が低いことも、今後解決しなければならない課題の一つです。

話を戻すと、問題はやはり、仕事を通じて第三者から認めてもらう機会が、一般的な労働市場と比べて圧倒的に少ないところにあります。この閉ざされた世界を切り開くための手段の一つは、就労支援事業に「攻めの予算」が加わることです。ですから、国や自治体による予算の支援を検討いただきたいです。

攻めの予算とはすなわち、「営業予算」です。営業とは、アポなしで企業に飛び込んで自社の売りたいものを一方的に説明することではありません。ここでいう営業とは、営利・非営利問わず、就労支援事業所の素晴らしさや、そこで経営する経営者や支援員、そして障害等のある方の意志や価値を、企業や消費者といった顧客に届けることを意味します。それは同時に、全ての経済活動の根幹を意味しており、広告やＰＲといった認知拡大の活動も営業に含まれます。
事業所を運営するための人員基準に、事業の素晴らしさを伝えることに時間をフル活用できる人材要件が加われば、就労支援業界は民間市場と接続され、閉ざされた世界を切り開ける。私はそう信じています。

現行の人員基準（職種ごとの役割）

・施設長：施設運営全般の管理責任者。主に、サービスのクオリティ管理、職員等の人事・採用、労務管理、収支・会計管理といった運営や経営全般の管理業務を担う。
・サービス管理責任者：主に、提供するサービスの全体管理を担う。また、サービス利用者へのアセスメント、個別支援計画書の作成・モニタリングや、関係機関との連携、職員の教育および指導といった人材育成などの業務も担う。
・職業指導員：主に、就労に必要な技術を含めた職業訓練の指導や、就労機会の開拓や提供など、自立した就労を支援する業務を担う。
・生活指導員：主に、日常生活に必要なスキルの向上や健康管理、生活能力の向上など、日常生活全般の支援業務を担う。

仕事は、成功も失敗も含めて、良質な経験を積み上げるために大事な手段です。その仕事を獲得するための専門家を１事業所に１人配置できる仕組みへと進化させることができれば、就労支援事業そのものが持つ社会的価値や力への認知が加速し、前述した「協働モデル」の実現可能性が飛躍的に高まります。

ＪＩＣＡ調査報告からみる諸外国の就労支援体制

就労支援事業所があることにより、働く障害者一人ひとりの特性が発見され、成長を促し、やがて仕事を通じた自己実現へと前進できます。まだまだ賃金問題はあるものの、地域に根付き、着実な訓練・就労を通じて成長できる機会が全国に整備されている点でいえば、日本は紛れもなく世界トップクラスの就労系セーフティネットを有しています。

世界では、日本の就労支援制度のインフラを強く希望している国があります。職業訓練学校はあるけれど、出口がない。ＰＣ作業を学んでも、それを活かす機会が不足している。そうした地域に日本の仕組みを輸出し、新たな価値を生み出せる日が来るかもしれません。

２０２１年、私たちの事業がＪＩＣＡ（国際協力機構）の事業「ＣＯＶＩＤ‐19を受けた途上国における民間技術活用可能性に係る情報収集・確認調査」に採択され、障害者雇用が日本ほど進んでいない国の調査分析が行われました。先ほど先進各国の制度等を紹介しましたが、それだけだと偏りもありますので、こちらも紹介させてください。インドネシア、ベトナム、モロッコ、ブラジルという４カ国の、障害者雇用の実態や新型コロナウイルス感染拡大後の状況になります。

①　インドネシア（86ページ、図表14）

・インドネシアの障害者（10歳以上）は人口の８・56％と多い。政府と企業は障害者の就労促進に努めているが、十分な成果は出ておらず、職業訓練や就職を望む障害者は多い。

・インドネシア障害者法は障害者の平等な待遇を企業に義務づけ、労働法は公共部門の障害者法定雇用率を２％、民間企業を１％と定めている。

・政府は企業と連携し、障害者に訓練やインターンシップ、職業リハビリテーションを提供し、就職の斡旋、公務員採用の促進などに取り組んでいる。その結果、２００８年から２０１６年の間に障害者公務員31人の採用、１７４９人の民間企業への就職、障害者求人ウェブサイトの開設など一定の成果があがった。

・他方、障害者の67％が小売業、小農／小漁業、家事手伝い、手工芸などのインフォーマル・セクターに従事し、58％の月収は１００ルピア（約７５９０円）以下であり、労働者の平均最低月収である１５７万ルピア（１万１９１６円）より低くなっている。

・障害者の多くは、小売業、マッサージ師、販売店、日雇いなどインフォーマル・セクターで働いているため、新型コロナウイルスの影響により、86％の障害者の収入が減少したり、失業したりした。

・インドネシア政府支援は、現金や食料の給付など一時的なものがほとんどであり、安定した雇用の創出という根本的な解決策は示されていない。

・視覚障害者団体の中にはコンピューター研修を実施しているところもあるが、地方の障害者職業訓練校ではコンピューター研修のニーズが低い。

②　ベトナム（86ページ、図表15）

・ベトナムの障害者は人口の６・６％である。政府の雇用創出プログラムや障害者職業訓練施設、民間の就労支援団体が存在し、障害者就労に取り組んでいるが、障害者の80％

はインフォーマル・セクターに従事し、雇用されている障害者は少ない。

・ベトナム政府は障害者権利条約を２０１４年に批准し、労働法や障害者法で職場における障害者の権利保障、差別禁止、同額給与保障、職業訓練の提供などに取り組んでいる。

・障害者職業訓練施設は２５０カ所以上存在し、２０１１〜２０１５年にかけ実施された職業訓練プログラムには14万人の障害者が参加した。一方で、障害者の15％程度しか雇用されていない。

・一般労働者の平均月収は約６８４万ドン（約3万２７６４円）となっている。未就労障害者の約４割は毎月約55万ドン（約２６３５円）の社会手当を受給している。

・新型コロナウイルスの感染者が抑えられている一方で、厳しいロックダウンなどの影響により多くの労働者に収入の減少や失業が見られた。49％の障害者の雇用時間が短縮され、59％が減給、30％が失業を経験した。

・政府支援は現金給付や保険料の徴収中止などに限られており、安定的な職場創出などの根本的解決にはつながっていない。

・国際ＮＧＯ「Catholic Relief Service」が障害者に対するコンピューター研修を２００７年から実施。１４５０人が研修を受講し、約６割が就職した。彼らは職種により３０

０万～８００万ＶＮＤ（１万４３７０～３万８３２０円）の月収を得ている。

③ モロッコ（87ページ、図表16）

・モロッコの障害者は人口の５・１％である。障害者に対する職業訓練施設もあるが、未就労の障害者が多く、安定した雇用や職場を求める障害者は多い。また行政機関に障害者雇用義務が課されていることから、雇用ニーズも存在する。ただし民間企業には雇用義務がない。

・モロッコでも脆弱層の多くはインフォーマル・セクターに従事し、新型コロナウイルスの影響で多くの人が仕事や収入を失った。障害者の54％も仕事を失うか、収入が著しく減少した。

・政府支援は、現金給付が主であり、収入や雇用の安定を図るなどの根本的解決にはつながっていない。

・モロッコでは、障害者基本法が教育や職業訓練、雇用における障害者の権利を保障し、労働法と首相令で職場における障害者の保護を規定し、政府機関の障害者に対する法定雇用率は７％と定められている。また国家雇用戦略として、若者を中心に障害者の雇用促進強化も含まれている。

・未就労者の割合が非障害者の29・8％に対し、障害者は86・6％と格段に多く、社会保障制度の恩恵を受けている障害者も少ない。障害者の多くは小売業や野菜販売、美容師、革細工などのインフォーマル・セクターに従事し、月給は８７５～１７５０ディルハム（約１万７６３円～２万１５２５円）ほどである。一般労働者の月額最低賃金２３３４ディルハム（約2万８７０８円）と比べても少ない。

・障害者に対する職業訓練や支援を実施する団体がいくつか存在するが、十分な雇用にはつながっておらず、コンピューター訓練の企画もあるが、実施されていない。多くの人が障害者にコンピューター技術は不要と考えており、訓練を受けられる機会が限られている。

④ ブラジル（87ページ、図表17）

・障害者は人口の23・9％を占め、知的／精神障害者はそのうち４・３％である。インフォーマル・セクターに従事する障害者が多いため、安定した雇用を求める障害者や貧困層は多く、雇用のニーズは高い。同時に、障害者雇用義務制度も存在するため、企業は障害者雇用を進める必要があるが、十分な雇用を確保できていない。

・もともと国民の４割がインフォーマル・セクターに従事し、収入が不安定であったところ、都市貧困層や先住民、高齢者などを中心に新型コロナの影響を強く受け、収入の減少や失業が増加した。対する政府支援は現金給付が主で、安定した職場の創出や雇用にはつながっていない。

・障害者包摂法により、障害者に平等な権利を認め、労働者として社会に貢献する存在とされている。民間企業は、障害者に合理的配慮を提供しなければならず、平等な給与保証も求められている。

・従業員数によって２～５％の障害者雇用義務が存在し、未達の場合２３００～23万１０００レアル（４万３７７０円～４３９万６０４６円）の納付金が課される。他方、雇用されている障害者の多くは軽度であり、その他の障害者は労働市場から阻害されているとのＮＧＯ報告もある。労働者の最低月収は９９８レアル（１万８９９２円）であり、雇用されている障害者も同程度である。

・障害者の雇用促進を目的とした「Social Inclusion Business Network」がブラジル主要企業をメンバーとして２０１２年に設立された。公立職業訓練学校に約１８００人の障害者が入学し、政府の雇用促進プログラムでは年間２７００人の障害者を支援するなど、約４８０人の障害者を就職させた実績もある。視覚障害者支援団体などが雇用支援や自立生活を目的に、コンピューターや情報機器の訓練を実施している。

・公的な職業訓練所や民間の障害者就労支援団体が存在するが、コンピューター技術や業務の切り出しを行うことで、知的障害者を雇用したり、雇用コンサルティングを提供したりする会社は見られない。

守りに攻めが加わった時、日本は世界を牽引する

こうした各国における障害者等を含めた就労困難者への支援政策は、いずれも日本ほどには充実しておらず、「中間就労」は十分とはいえません。またＩＴを含めた職業訓練等の機会はあるものの、出口となる企業への就職や活躍機会に課題があることなどからも、利用が促進されていないことが示唆されます。就労困難者ゼロ社会を実現するためには、入口の機会をつくることと合わせて、出口戦略を強化することもセットで考え実行することが重要です。

日本の就労支援制度、法定雇用率――。

これは、世界トップクラスの就労系セーフティネットです。この盤石な守りは、未来を切り開くチャレンジャーを生み出します。社会変革は常に、守りから始まります。守られているからこそ、新しい自分に出会いたいという意志が生まれます。その意志とエネルギーを使い、失敗を織り込んで挑戦するのです。

就労支援事業所を卒業し、企業へと移行される方は、全体の６％程度に過ぎません。ですが、企業への就職やフリーランスでの活躍など、就労支援事業所を卒業して新たな挑戦をしたいという意志のある方々は６％よりもはるかに多くいるはずです。多くの支援員の方々も同じ思いでいます。しかし、就労支援事業所から企業へのステップは、とても高く大きな山に見えてしまいます。なぜならば、ステップを踏み込むための「実務経験と自信」の糧となる良質な受注業務が圧倒的に不足しているからです。だからこそ、挑戦する機会を増やすことが、そのまま次への一歩へとつながるはずです。

仕事を通じて活躍できる能力を持ち、これまでにない挑戦をし、企業や社会に新しい価値を創出することが、就労支援業界にはできます。日本には、その環境がすでに整備されています。

図表14 インドネシアにおける障害者就労支援の現状

Politics：政治的要因

・障害者法、労働法などで障害者の労働の権利を認め、平等な待遇を義務付け
・障害者法定雇用率は公的機関で２％、民間企業で１％

Economy：経済的要因

・障害者の67%がインフォーマル・セクターに従事
・58%の障害者の月収は、100万ルピア（7,590円）以下

Society：社会的要因

・COVID-19により障害者の収入が減少
・政府支援は現金給付、食料配布が主
・安定した雇用の創出にはつながっていない

Technology：技術的要因

・視覚障害者団体でコンピューター研修を実施
・地方の職業訓練校（身体障害者）ではコンピューター研修のニーズが低い

出典：JICA調査報告書

図表15 ベトナムにおける障害者就労支援の現状

Politics：政治的要因

・障害者法、労働法で就労における障害者の権利保障、差別の禁止
・障害者の雇用促進を強化

Economy：経済的要因

・障害者の多くはインフォーマル・セクターに従事
・プログラミングやグラフィックデザインなどは収入が高い

Society：社会的要因

・障害者の59%が減給、30%が失業
・COVID-19により失業者が増加、政府支援は現金給付が主

Technology：技術的要因

・障害者のコンピューター利用は少なく、知的障害者の利用はほとんどない

出典：JICA調査報告書

図表16　モロッコにおける障害者就労支援の現状

Politics：政治的要因

・障害者基本法や労働法で、職業訓練や雇用における障害者の権利を保障
・政府機関の法定雇用率は７％

Economy：経済的要因

・障害者の日給は35〜70ディルハム（約431円〜861円）
・障害者の多くがインフォーマル・セクターに従事、86.6％が未就労

Society：社会的要因

・COVID-19により障害者の54％が失業か減収
・政府支援は現金給付が主で、雇用の安定などにつながっていない

Technology：技術的要因

・コンピューター研修の企画はあるが、実施されていない

出典：JICA調査報告書

図表17　ブラジルにおける障害者就労支援の現状

Politics：政治的要因

・障害者包摂法で障害者に平等な権利、同額給与保証、合理的配慮提供を規定
・法定雇用率は従業員数により２〜５％。納付金は、2,300〜23万1,000レアル（約60万円〜600万円）

・雇用されている（軽度）障害者の月収は1,000レアル（約２万6,000円）程度
・障害者の多くは労働市場から疎外されている

Society：社会的要因

・COVID−19により貧困層の収入が減少
・政府支援は現金給付が主
・安定した雇用創出につながっていない

Technology：技術的要因

・視覚障害者団体でコンピューターや情報支援機器の訓練

出典：JICA調査報告書

挑戦は、決して強要するものではありません。しかし、挑戦自体は悪いものでもありません。転んでも大怪我しないセーフティネットの上で、それぞれの自己ベストを更新していくことができるのです。

企業等が就労支援業界と強く結びつき、仕事を通じて連動し、経済を生み出す。その機会を増やすために必要なのは、企業等への認知拡大と事業所と力を合わせてつくる協働モデルによる挑戦です。そうして日本に新たなインクルーシブモデルが生まれるのだと思います。

第3章

日本の労働人口減少問題を突破する方法

この章では日本全体へ目を向けます。少子高齢化や生産年齢人口の減少がどれほど深刻であり、テクノロジーで代替は可能なのか。課題先進国の当事者である私たちはどのような未来を描くことができるのか。これから起きる労働市場の変革をお話しします。

労働人口の減少問題と活躍機会の不足問題

ご存知の通り、日本では構造的な理由から労働力の減少が見込まれます（図表18）。人口のピークは２００８年の１億２８０８万人で、それを境に減少が続き、２０２１年には１億２５５０万人となっています。このうち15〜64歳のいわゆる「生産年齢人口」とされる人の割合は総人口の約６割（59・４％）となっており、65歳以上の人口は28・９％と伸び続けています。一方で０〜14歳という子どもの人口は40年間減り続けており、総人口に占める割合は11・９％です（単位未満四捨五入）。約２・６人に１人が65歳以上、約３・９人に１人が75歳以上となっています。

この傾向は今度もずっと続き、「高齢社会白書」の予測では２０２９年に総人口１億２０００万人を割り込み、２０５３年には１億人にも届かなくなります。マクロ経済の視点でみ

図表18　**日本の生産年齢人口の推移**

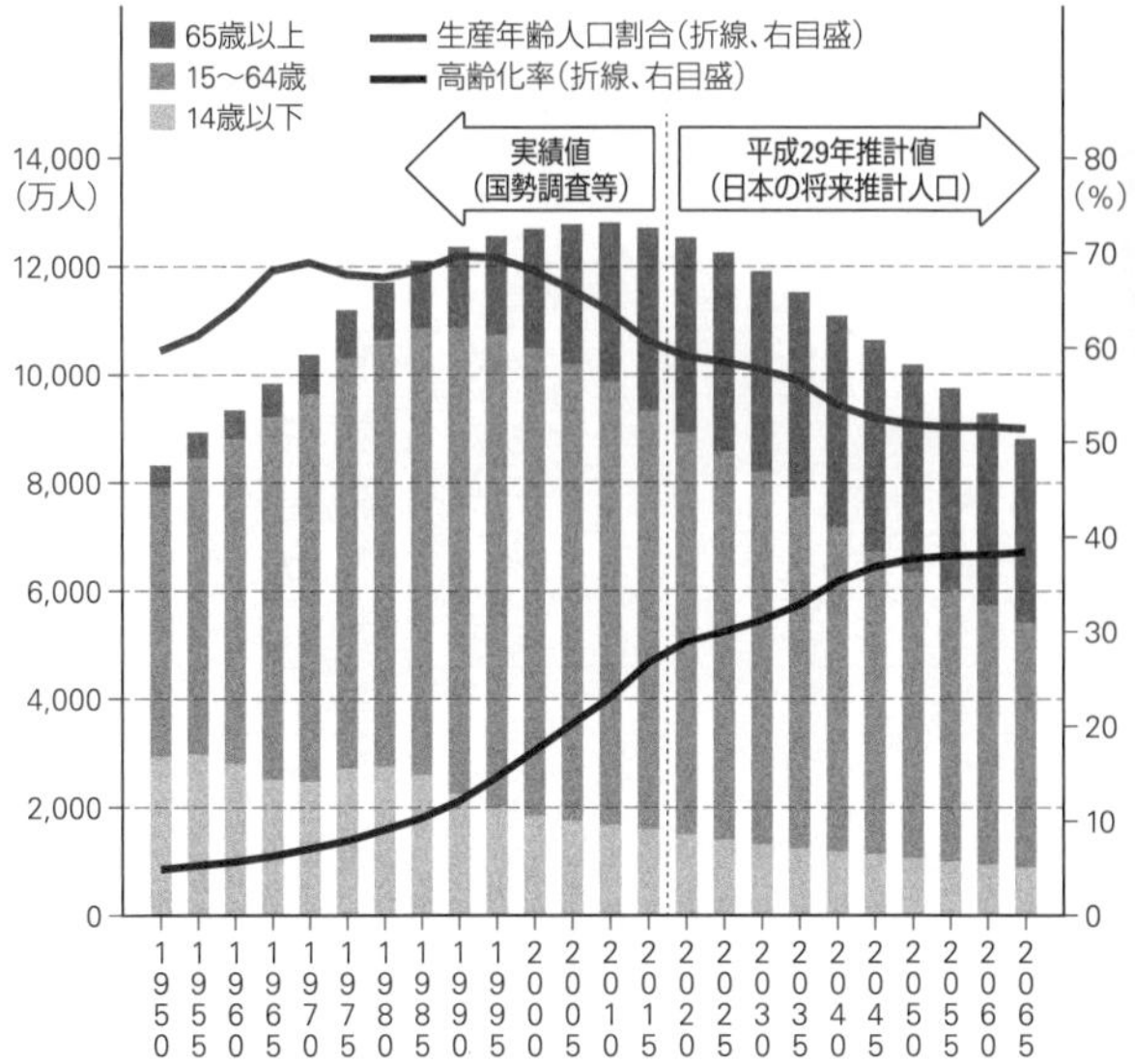

資料出所　厚生労働省「令和３年版厚生労働白書　資料編」をもとに厚生労働省政策統括官付政策統括室にて作成

（注）2015年までの人口は総務省統計局「国勢調査」（年齢不詳の人口をあん分した人口）、高齢化率および生産年齢人口割合は、総務省統計局「国勢調査」（年齢不詳の人口をあん分した人口）、2020年以降は国立社会保障・人口問題研究所「日本の将来推計人口（平成29年推計）：出生中位・死亡中位推計」をもとに作成

出典：令和４年版　労働経済の分析

図表19　**正社員の人手不足割合　上位10業種**

（%）

		2020年７月	2021年７月	2022年７月
1	旅館・ホテル	18.2	↑ 22.5	↑ 66.7
2	情報サービス	44.5	↑ 54.7	↑ 64.9
3	建設	51.9	↑ 57.5	↑ 62.7
4	メンテナンス・警備・検査	48.1	↑ 53.8	↑ 59.8
5	運輸・倉庫	36.0	↑ 47.1	↑ 59.4
6	農・林・水産	47.1	↓ 46.3	↑ 58.0
7	自動車・同部品小売	46.2	↑ 57.1	↑ 57.8
8	金融	36.2	↑ 41.2	↑ 56.5
9	飲食店	24.6	↑ 43.6	↑ 54.1
10	専門サービス	33.7	↑ 46.8	↑ 52.9

出典：人手不足に対する企業の動向調査（帝国データバンク）

ると、こうした人口減少の流れ、特に労働生産年齢のそれにどう対応するかが強く求められています。人口減少の流れそのものを止めることは難しいでしょうから、例えば企業の働き方改革などによって、労働参加率を高めることが一つの手段となります。そう考えると、就労困難者ゼロ社会の実現は、経済的にも大きなインパクトを与えるといえるでしょう。

ちなみに、いま具体的にどのような業種が人手不足なのかについても触れておきます。帝国データバンクの調査（２０２２年７月）によると、「旅館・ホテル」が66・7%でトップとなっています（**図表19**）。その後にいわゆるＩＴ人材が枯渇する「情報サービス」

く、慢性的に人手が足りていない「建設」が続きます。こうした業種では、本来稼げたはずの売り上げや利益が人手不足によって生まれていないと言うこともできるでしょう。

また産業構造の変化の象徴として、製造業の就業者数は徐々に減っており、約20年間で１５７万人減少しています。特に34歳以下の若年層の就業者数は２００２年の31・４％から２０２１年には25・２％と６ポイント以上減っており、その一方で65歳以上の高齢者層の割合は４・７％から８・７％へ伸びています（**図表20**）。

労働力人口の減少は、労働投入の減少を通じて経済成長にマイナスのインパクトを与えると言われています。日本の高度経済成長の背景には、農村部から都市部への急激な人口移動によって、労働力が農業部門から当時の成長産業である工業部門へ移動した構造転換があります。つまり、労働投入という供給側から成長を促進し、需要面での拡大に結びついて経済成長したわけです。このように労働投入は経済成長に対して大きな影響を与える要素です。

ただ当然ながら、労働人口の減少そのものだけをみることは安易で、テクノロジーなどの技術革新を通じて、一人当たりの生産性を向上させることへの期待と可能性も重要な論点となります。その上でも、今後の人口減少がどのくらい労働投入を減らし、それがどのくらいマイナスの影響を与えるのかは注視しておく必要があります。

図表20 **製造業の就業者数推移**

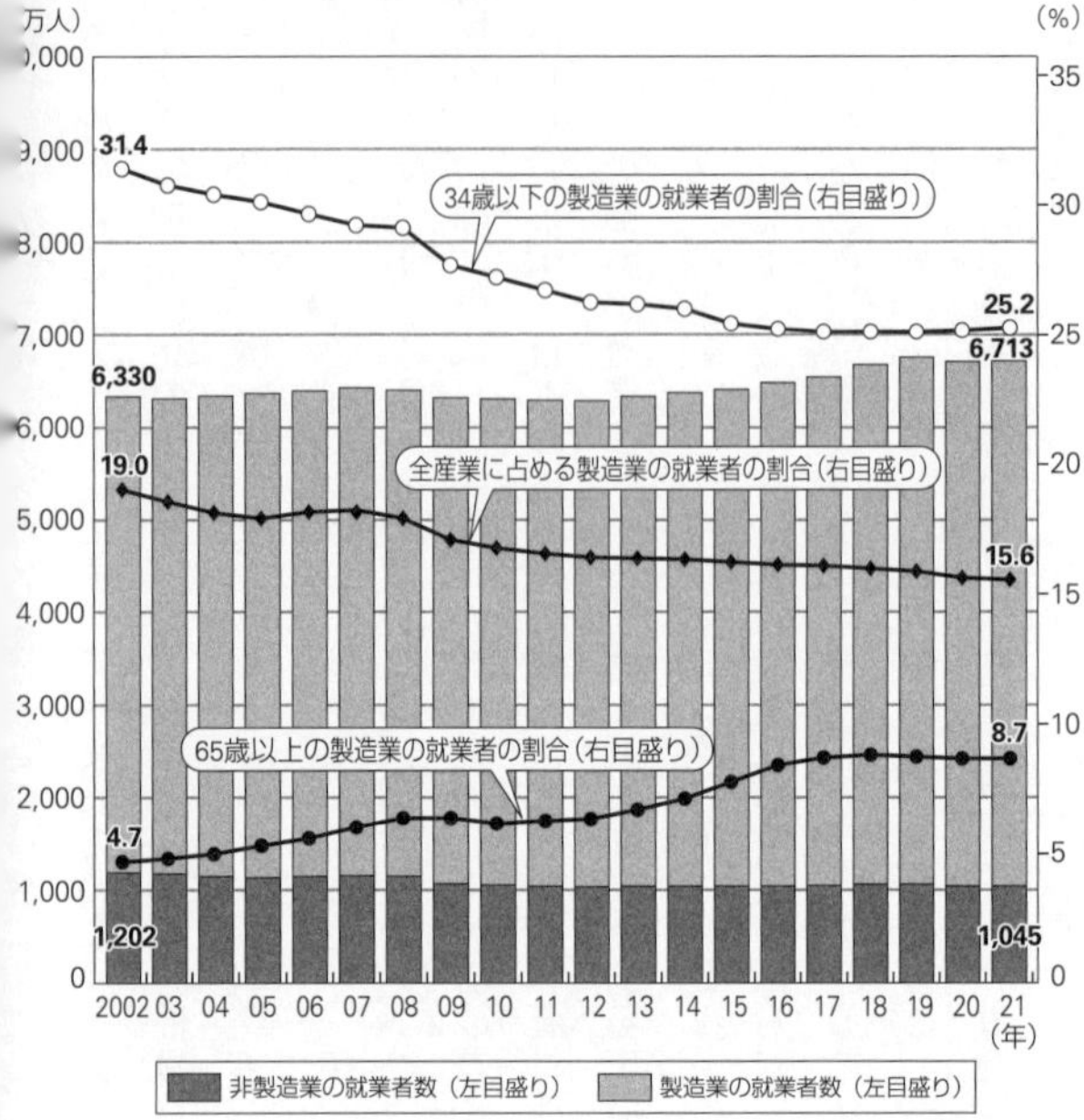

備考：2011年は、東日本大震災の影響により、補完推計値を用いた。分類不能の産業は非製造業に含む

出典：2022年版 ものづくり白書（経済産業省・厚生労働省・文部科学省）

２００８年時点での生産性や資本投入率などを固定させて、人口減少の影響だけを取り出した際の潜在ＧＤＰ成長率を推計した内閣府のデータがあります（図表21）。労働投入はマイナスが続き、その影響もあってＧＤＰは伸び悩むことが当時から予想されています。労働投入の減少分を補うくらい生産性が高まるか、巨大な資本が投入される、あるいは新たなプレイヤーの登場が必要だとこのデータからもいえるでしょう。

労働人口が加速的に減少する問題に対して、生産性の向上と新たなプレイヤーの創出が求められています。逆に、実現できれば日本の経済成長には必ず明るい未来がおとずれます。明るい未来を夢で終わらせないためにも、今すでに把握している課題解決に向けて私たちは動くしかありません。

労働市場の不均衡をバランスさせるには

以上の通り、いま明らかにわかっている課題は「労働市場の不均衡」が生じているということです。一方では、労働人口が１５００万人超減少し、労働供給力が不足することが明らかになっています。もう一方では、働きづらさを含め、十分に活躍しきれていない就労困難

図表21　**潜在成長率の延長推計**

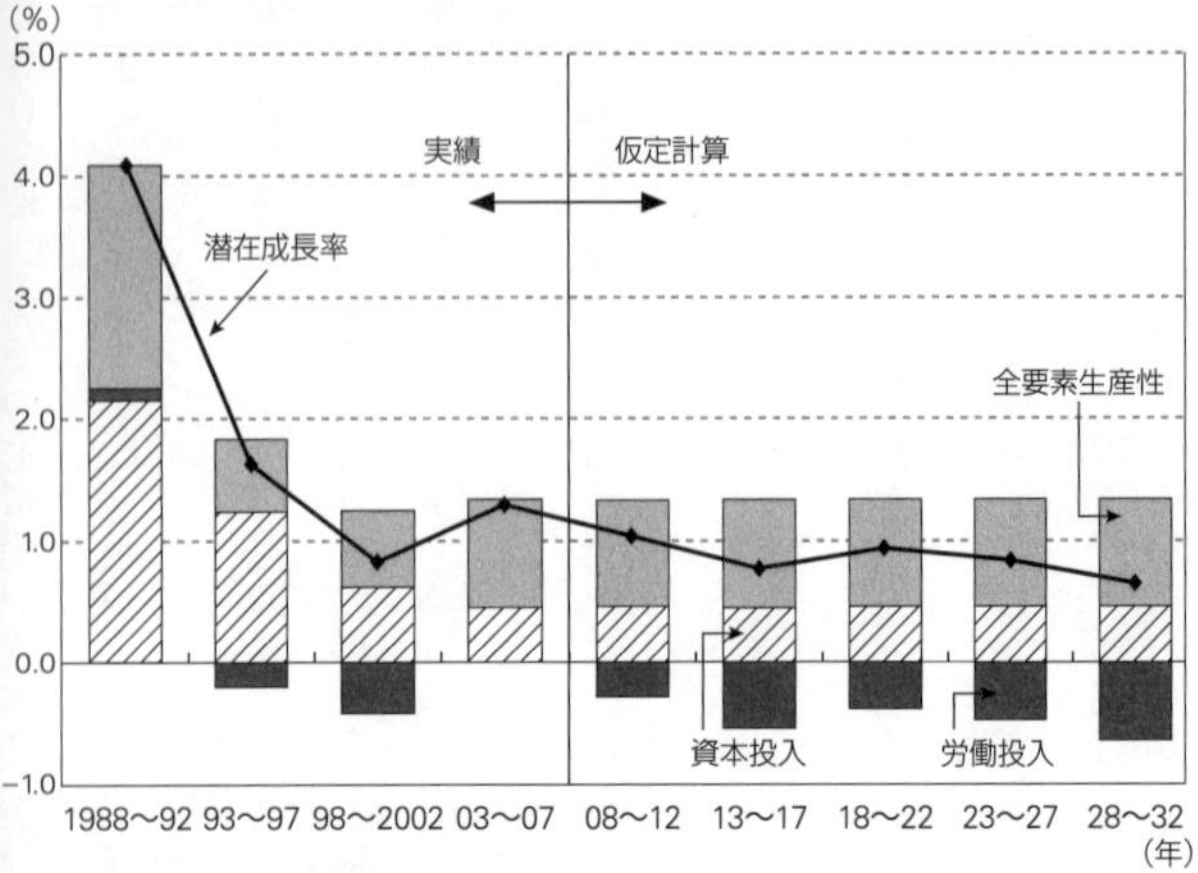

出典：平成20年度 年次経済財政報告（内閣府）

者が約１５００万人います。こうした労働市場の不均衡を是正することは、日本の未来づくりを進める上で重要な論点です。そしてこれまでの章でも前述した通り、共に働く新たなインクルーシブモデルやテクノロジーの進化・活用により、この差分を埋めることができると私は考えています。

例をあげましょう。目の前に観光ホテルがあります。そこでは客室清掃やルームメイキングを担う人手が不足し、事業成長が鈍化し、社員も疲弊しています。かたやその半径３００メートル圏内には就労支援事業所があり、その中には事業所の外へ出て体を動かした仕事をしたいと望んでいる方々がいます。それにもかかわらず、こうした潜在的な活躍人材を企業側は発見することが難しいのが現状です。

ある企業では、クリエイティブデザイナーが反復作業化されたバナー制作の仕事をし続けています。もっとクリエイティブな仕事をしたいけれど、今の仕事を誰かに渡せるほど人材が充足しているわけではないので、目の前の仕事に取り組むしかありません。一方、就労支援事業所ではクリエイティブを得意とする方々もたくさんいます。自身で技術を習得した人や、支援員から技術を学び、自信がつき、次は実経験を積み上げるフェーズだ、と機会を待ち望んでいる人たちがいるのです。

またある企業では、エンジニア等がＡＩ教師データやアノテーションの作成、あるいはスマホゲームのデバッグ作業をし続けています。本当は新たなプログラミング言語を学び、磨き、実践を繰り返したいし、新たな技術開発にも取り組みたい。けれど、やはり目の前の業務を渡せる相手がいません。そして、これらの業務も、就労支援事業所などでは得意領域の一つなのです。

このように、労働市場では、不均衡な事象が長年生じています。これは地球の裏側で起きていることではありません。みなさんが今いる半径３００メートル圏内で起きているのです。この不均衡を改善していくことこそ、いま私たちが取り組んでいることです。

自動化が進んでも人手不足は解消できないのか

繰り返しますが、日本では労働人口の減少により、ＧＤＰ成長率も引きずられるように減少するおそれがあります。このまま労働人口が20年後に１５００万人超減少していく仮説を立てると、ＧＤＰ成長率がおよそ０・５％程度にまで押し下がる可能性があるということです。日本は待ったなしでその解決策を迫られています。

未来にわたる人手不足に関して、戦略コンサルティング会社のマッキンゼーからも興味深いデータが出ています。「The future of work in Japan」というタイトルの、ポスト・コロナにおける「ニューノーマル」を調査した資料によると、労働人口が減少していく中でＧＤＰを成長させるには今の生産性の２・５倍改善していくことが求められ、そのためにはテクノロジーやロボティクスの普及が必要だと示されています（**図表22**）。世界の動きとしては、テクノロジーやロボティクスによってＤＸ（デジタル・トランスフォーメーション）していこう、それによって人手不足を解消して生産性を上げよう、という動きが加速しています。

一方、逆の見方として、テクノロジーやロボティクスが普及すると人間の雇用を奪うのではないかとも盛んに言われています。よくニュースでも話題に取り上げられ、関連する書籍

図表22　2016〜30年の日本における実質GDP成長率

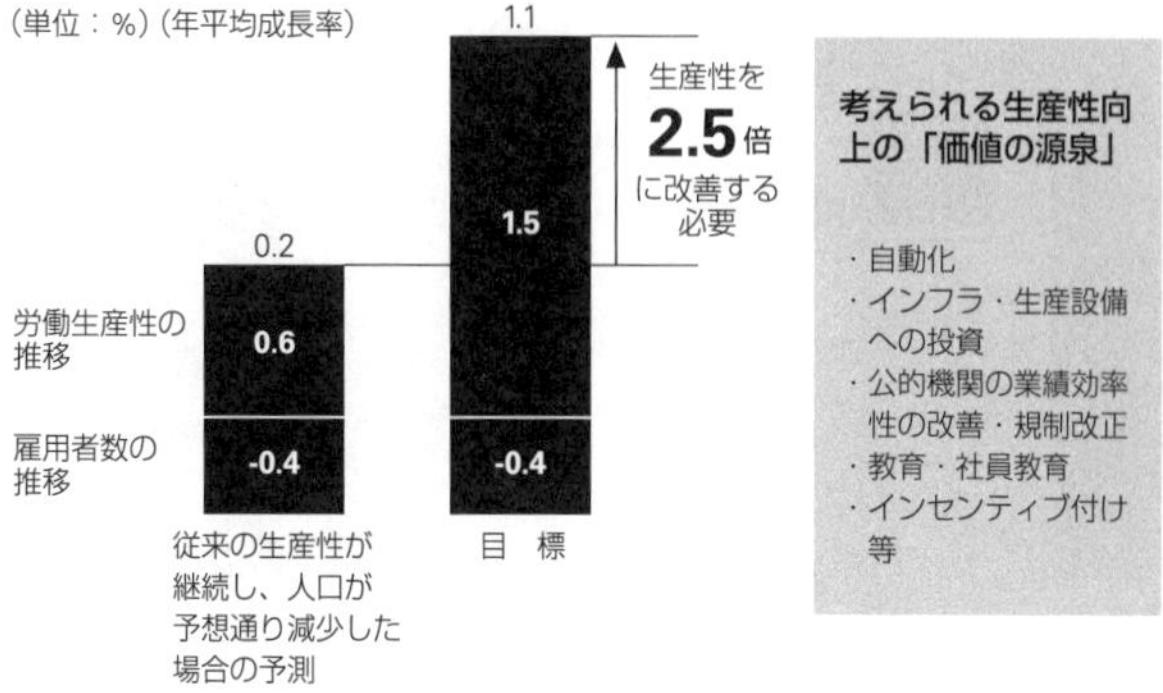

出典：The future of work in Japan（McKinsey & Company）

もたくさん出ているのでご存知の方も多いでしょう。実際のところ、テクノロジーやロボティクスは人間の雇用を奪う側面があり、およそ１６６０万人分の雇用が代替されてしまうという試算がされています。

けれども、テクノロジーやロボティクスの普及によって生まれる雇用もあります。企業側は、生産性の向上、労働集約からの脱却などへの期待も含めて、ＤＸへと舵《かじ》を切るわけですが、テクノロジーを開発するデジタル人材や、生み出されたＤＸツール・ＳａａＳツールを裏側で運用するデジタル人材も同時に増やさないと、期待していたＤＸを推し進められないという矛盾が起きます。

こうした雇用市場の進化も含めて、既存の仕事でニーズが増加する雇用が７７０万人分、それに

図表23 **自動化による労働力需要の変化**

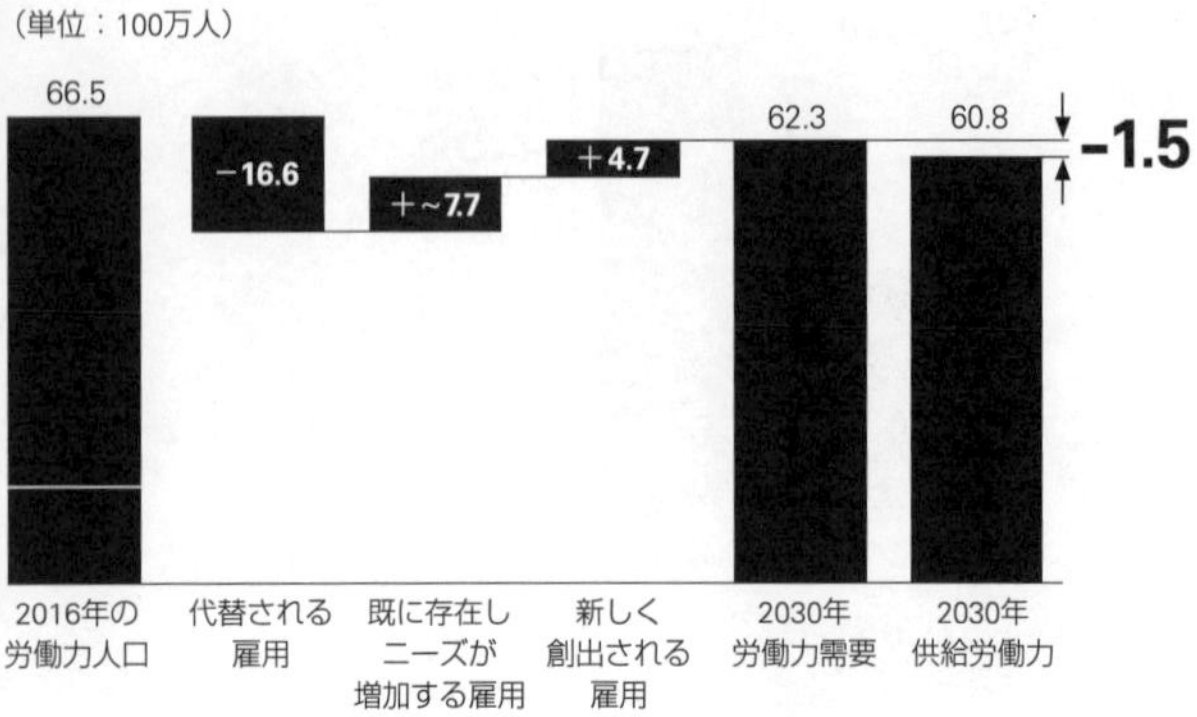

出典：The future of work in Japan（McKinsey & Company）

加え新しく創出される雇用が470万人分あると本資料では予測されています。ただしロボティクス、テクノロジーが順調に日本に浸透し発展したとして、また新しく生まれる雇用を差し引いても、現在のGDPを維持していくためには約150万人の人手が足りないという結論が出ています（**図表23**）。

　こうした新しい雇用や差し引きして人手が足りない雇用領域の部分にも、障害者雇用、就労困難者の活路が見えてくるのです。

テクノロジーと共に生まれる就労困難者の新たな活躍機会

昨今では、スタートアップを含めた数々のテクノロジー企業の台頭により、さまざまなＩＴツール（ＤＸツール）が誕生し普及しています。次のような例が挙げられるでしょう。

・ＡＩ×動画編集の自動化
・ＡＩ×紙媒体の電子化
・ＡＩ×音声データの識字化
・ＡＩ×会計仕分けの自動化
・ＡＩ×教師データ作成の自動化

こうしたテクノロジーの進化により、これまで高い専門性が必要であった業務に変化が生まれています。ＡＩにより自動化され、アウトプットされた成果物を、人の手で正しく修正・補正する仕事のみで完結するレベルまで到達しています。

高い専門的な能力を持つ方々は、また新たなテクノロジーを誕生させるミッションへ挑戦する。そして、新たに生み出されたテクノロジーを社会に普及させるための運用やアシストを就労困難者が支える。こうしたケースが増えてきているのです。さらに、紙媒体の電子化の場合は、ＰＣやＩＴツールを苦手とする障害者であっても問題ありません。紙媒体をスキャニングする業務や、検品、整理、保管といった付帯する非ＩＴ領域の業務で活躍することが可能になっています。

「これらの業務はアルゴリズムを進化させ、いずれは完全自動化になるのでは？」といった疑問も持たれる方もいるはずです。

しかし、その頃にはまた、日本社会をより良くする新たなテクノロジーが誕生しているでしょう。すでに、メタバースやブロックチェーンに象徴されるＷｅｂ3.0といった巨大な成長市場が顕在化しています。「新しく創出される雇用」には、こうした労働市場の変化により生まれる雇用も内包されています。

テクノロジーの進化と就労困難者の活躍機会の創出には、密接な相乗関係があります。加えて、これまで海外人材の担ってきた反復作業が、人件費の高騰《こうとう》や昨今メディアでも多く見かけるようになったＥＳＧ（「Environment」「Social」「Governance」の頭文字を取った用語）やＳＤＧｓ（Sustainable Development Goals）の影響などにより、国内へと回帰する流れもあります。国内需要を国内生産で解決する戦略は、今後さらに注目されていくでしょう。

ヒトへの投資対効果にコミットできるか

企業の方々、特に上場企業においてはＥＳＧへの関心が高まっており、事業のバリューチェーン、サプライチェーンといった構造そのものを抜本的に見直しています。こうしたＥＳＧ経営、ＥＳＧ投資については第7章で詳述します。

当然ながら、環境のみならず「ヒト（人的資本）」への積極的な投資やアップデートも、本格的な検討と実行のフェーズに入っています。障害等のある就労困難者と共に働き、共に新しい価値を創出することに前向きな企業はますます増えると考えます。

時代は変化しました。いよいよ、就労困難者側が提供できる仕事の能力を顕在化・底上げし、成長する課題に立ち向かう時代が始まったのです。

現状の課題は、障害者等が幅広い業務プロセスを一貫して引き受けるのが困難なケースが多いことです。障害者一人ひとりの能力や特性を活かすためには、得意とする領域を絞り、集中的に仕事をすることが望ましいのです。しかし、企業の業務を就労継続支援事業所や就労困難者に委託しようとした場合、きめ細かな業務プロセスの分解が企業側で必要になります。つまり、企業側にも一定の工数（人的投資）が発生することになるため、得られる企業側のリターンと社会的リターンが、企業の人的投資額を超えていくことがミッションの一つとなります。

こうした投資対効果が求められる構造がある中で障害者等と企業が共に働く協働モデルを加速させるためには、企業側の内部構造を理解し、プロセスや事業そのもののアップデートに伴走する必要があります。難易度の高い話ですが、ここまで踏み込んだ実行力がなければ、企業から障害等のある方へ仕事を流通させることは困難になってしまうのです。

特にＩＴ分野においては、清掃や物流の発送業務といったオフラインの業務とは異なり、特有の技術獲得や成長には一定の時間を投資する必要があります。また、身につけた技術が市場と比較して優位でなければなりません。そのため、不確実性の高い領域にも、思いきった教育投資や営業投資の意思決定ができる事業所の経営者や、ダイバーシティ部門・ＣＳＲ／ＣＳＶ部門・障害者雇用部門・新規事業開発部門などの責任者が増えていく必要があるわけですが、経営資源（ヒト・モノ・カネ・情報・時間）が限られた中では、そう容易なことではありません。従って、市場競争力を高めるためにも、得意領域や対応可能領域を補完し合うモデルが同時に必要となってきます。

ビジネスの市場で既に活躍中のデジタル人材を、障害等のある方が働く市場へ巻き込んでいくことがその一例です。難易度の高い業務をデジタル人材へ一任し、難易度の低い業務を障害等のある方が担う。その間、デジタル人材と障害者双方がスキルを高めるための時間が生まれることにより、それぞれの対応可能領域が拡張し、共に技術革新を加速化させることが可能となるのです。

労働市場の大変革時代

ここまでは、日本における労働人口減少問題を中心に話をしてきました。まとめると次の通りになります。

- 労働人口が減少することにより経済へのネガティブなインパクトが生じる
- 労働人口の減少への対応にはテクノロジーが必要不可欠であり、一日でも早くその普及スピードを加速させる必要がある

・テクノロジーが普及した際に新たな雇用を生み出せるかが、中長期シナリオにおける課題である
・テクノロジーが普及したとしても日本の労働供給力は約150万人不足する

2040年には労働人口が1500万人以上減少する反面、活躍したくても十分に活躍できていない就労困難者が1500万人いる。こうした労働市場の不均衡をバランスさせることはできないのか。次章でそれを、具体的なレベルでお話しします。前述した通り、テクノロジーの発展により就労困難者は「困難」から脱却し、仕事をし、経済をつくり、自己実現を叶えられることはわかっています。残す課題は、多様な人材が連動し、社会に新たな価値をつくること。すなわち、企業等と就労困難者が共に働く機会を仕組み化することです。

「多様性」という言葉にも少し触れておく必要があるでしょう。多様性とは英語ではdiversity（ダイバーシティ）で、端的には、ある個人や組織といった集団の中に、一人ひとり異なる特性や特徴のある人が存在し、認め合い、その違いが活用されている状態です。性別、年齢、人種や国籍、障害の有無、知識、価値観、キャリア、職歴、働き方など、多様性は幅広いジャンルで用いられていると言われています。ここでは『多様性の科学』（ディス

カヴァー・トゥエンティワン）という書籍の知見を少しだけ紹介します。
この本では、アメリカのＣＩＡが９・11の同時多発テロを予見できなかった理由の一つとして、職員のほとんどが中流階級出身の白人男性で占められていることを挙げています。ＣＩＡの職員たちは間違いなく高い能力を持つのですが、同じ特徴、つまり同じ世界観で物事を捉えていたのです。そうなると、いくら優秀な人の集まる組織でも死角が生まれてしまいます。さまざまな個人が組み合わさることで賢い個人の限界を超えて、問題を解決できるようになるのです。

物事を捉える視点とは、その人が育った環境に大きく左右されます。その角度が多様であるほど、豊かな発想につながりやすい。イノベーティブな組織をつくるためにも多様性が重要なのです。また、例えば無自覚な差別の防止にもつながります。

なお、多様性とは必ずしも先に挙げた人口統計的な要素だけを指しません。学んできた専門域や仕事への態度、コミュニケーションの方法、物事への価値観……なども多様性の一つに含まれます。

世の中は、ダイバーシティとインクルーシブの時代に突入しています。企業の事業活動に投資家を巻き込み、共に力を合わせてより良い投資・より良い事業活動を通じて、地球全体を大切にする意味がＥＳＧにも組み込まれています。企業セクターと就労困難者セクターは、仕事を通じて社会的障害・分断を取り払うことが可能です。新たな時代へのスタート地点が、今まさにこの瞬間なのです。

障害の有無、就職の有無、経験の有無といったレッテルを貼るような比較ではなく、一人ひとりの特性や能力を主語にすれば、企業も就労困難者も飛躍的なパフォーマンスを発揮できます。一人ひとりの能力や特性が連動すれば、日本の経済成長を加速化させ、これから立ちはだかる労働人口減少問題の壁を打ち壊せます。私たちは労働人口減少問題による経済縮小に先手を打ち、成長拡大を遂げ、国際的な競争力をも飛躍的に高める未来を握っているのです。

第4章

就労困難者が「大活躍」するためのプラットフォーム

この章では私たちが開発・運営している「ＮＥＸＴ　ＨＥＲＯ」というプラットフォームについてお話しします。このネーミングや事業モデルに込められた意味は、私たちが就労困難者の世界をどのように変えていきたいのかを示しています。仕事を通じて自己肯定感や他者とのつながり、正当な賃金を得るための、構造的な社会課題の解決策がここにあります。

就労困難者が大活躍する新たなプラットフォームモデル

これまでお話ししたように、私たちは１５００万人超の就労困難者が企業等と仕事を通じて協働し、社会に新たなイノベーションを起こす仕組みづくりに挑戦しています。その要となるのが就労困難者に特化したＤＸプラットフォームであり、私たちはこの事業モデルを「ＮＥＸＴ　ＨＥＲＯ」と名づけました。ＨＥＲＯとは、英雄という意味ではなく、主役という意味です。就労困難者セクター・経済セクター（企業等）の双方が、仕事を通じて、自分の存在価値や意義を実感し、「自分の人生、自分が主役だ」と本気で思える社会をつくるという決意を、このＮＥＸＴ　ＨＥＲＯに込めています。

図表24　NEXT HEROの仕組み

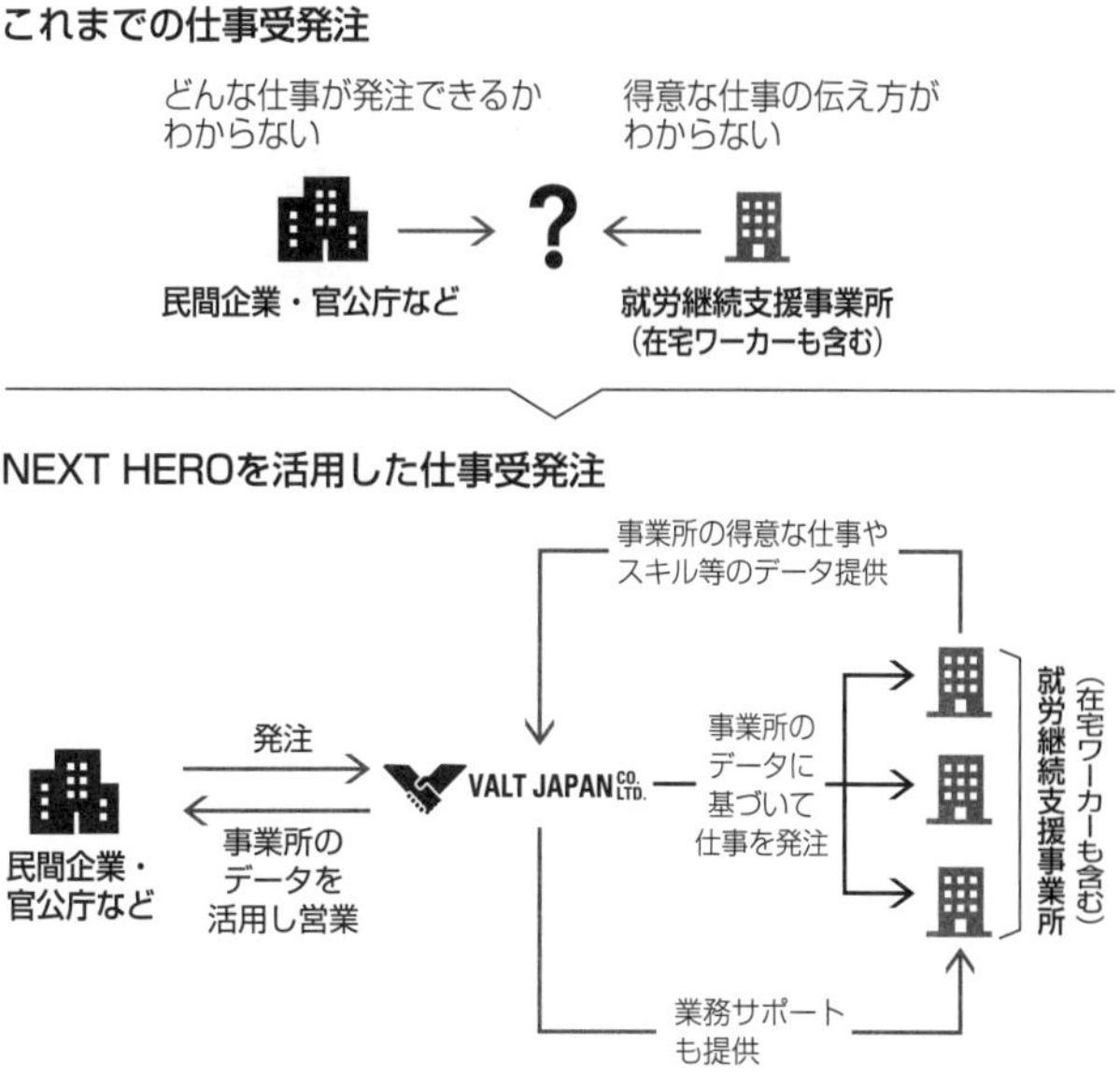

出典：著者作成

NEXT HEROは、主に障害等のある方に就労の機会・訓練を提供する就労継続支援事業所と事業所を利用する方々（在宅ワーカー含む）の得意な仕事領域やチャレンジしたい仕事領域、さらには供給可能な労働力などといったケイパビリティを、オンライン・オフラインを通じて集積し、これらのデータに基づいて、民間企業や官公庁等から受注した仕事を事業所等へ最適に分配する受発注プラットフォームです（図表24）。

図表25 **ノンコア業務とコア業務のイメージ**

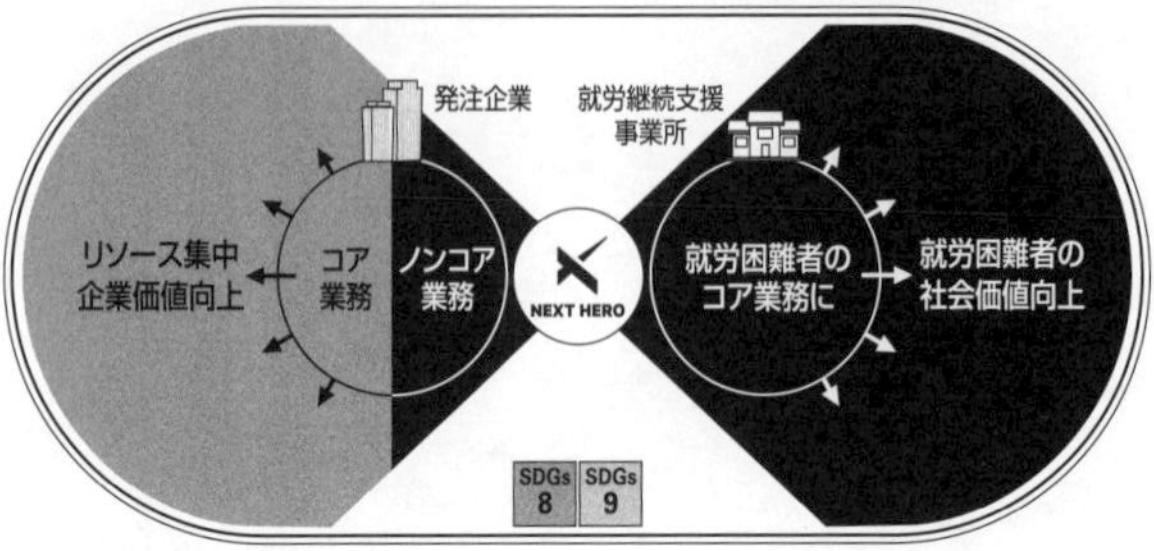

出典：著者作成

障害等のある方を直接的に支援するモデルではなく、経済セクター（企業等）・就労困難者セクターの双方が協働し、仕事を通じて大活躍する新たな労働市場の仕組みをつくることが、私たち（本モデル）のミッションです。

企業の技術革新・事業変革・働き方改革などにより創出された、自社以外の人材でも対応可能な「ノンコア業務」は、就労困難者にとっての「コア業務」となります（**図表25**）。こうしたダイナミックな労働市場の構造変化により、これまで埋もれていた潜在的な活躍人材へ仕事が流通する。こうした社会的インフラを実現することを目指しています。

事実、多くの企業はNEXT HEROを通じて法定雇用率などに関係なく、イノベーションを実現するために業務を発注してくださっています。受注者は私たちであるため、案件の要件定義や作業進捗管理、品質管理といった受注者責任を私たちが担った上で、受注した業務を就労支援事業所等へ最適に分配しています。

企業はなぜ法定雇用率にカウントされなくても発注するのか

第1章でも述べた通り、多くの企業は障害者雇用における法定雇用率の達成を目指しています。一方、NEXT HEROではこうした企業も含めて、共に働くモデルに共感し、雇用では実現しづらい領域や条件を含む業務も発注いただいています。これは決して、社会貢献的・寄附的なマインドで行われているわけではありません。ビジネスパートナーとして認めた上で協働し、社会に新しい価値を生み出しているのです。

法定雇用率の枠組みを超えて発注する理由。それは次のような「メリット」にあります。

・社内におけるコア業務化の加速
・数十名、数百名を要する、大規模プロジェクトや案件に対応できる

・47都道府県に供給力を持つことができる
・技術革新を加速化させることができる
・社内の内部からＳＸ（サステナビリティ・トランスフォーメーション）を加速化することができる
・事業連携によりサステナブルなビジネスモデルへと進化させることができる
・より戦力となる、ベストマッチな障害者雇用につなげられる
・地球規模で考える、持続可能な次世代企業へと進化することができる

……など

ＮＥＸＴ ＨＥＲＯの肝《きも》となる就労継続支援事業所は前述の通り全国に１万５０００以上あり、人材リソース50万人、敷地リソース30万平米と巨大なポテンシャルを持っています。しかし、これだけのリソースを持っていながら、事業所ごとに個々で活動しているため民間企業や公的セクター等とうまく連携できず、そのポテンシャルを十分に活かしきれていません。

就労困難者のケイパビリティを日本で最も把握する集団

ＮＥＸＴ ＨＥＲＯのモデルは、事業所等のネットワークを構築し、ある意味で仮想空間上に巨大な組織をつくっていることを意味します。このモデルを通じて事業所や就労困難者のケイパビリティ（能力・特性）を向上させることで、障害者雇用の促進のみならず、仕事の自動化が進む中でも障害等のある就労困難者に向けて新たな仕事・雇用を創出できると考えています。就労困難者は市場の需要に応え、新しい価値を生み出す戦力になるのです。

事業所のケイパビリティ向上には、テクノロジーの力が欠かせません。事業所等の障害者就労支援の現場では、仕事の受発注に必要な情報へのアクセシビリティが悪く、すぐに情報を得られないという課題を抱えています。こうした課題を解決するべく、また数多くのデータを蓄積し活用するプラットフォームへと進化するために、テクノロジーへの投資を加速させています。全ての事業所、全ての就労困難者が持つ能力や特性が定量的に把握できれば、これまで接点が生まれづらかった企業と就労困難者双方の市場構造がアップデートされます。

データの蓄積・活用は情報へのアクセシビリティの向上のみならず、事業所と民間企業や官公庁等の連携強化にもつながります。企業等が事業所の人材・敷地リソースを最大限に活用できるため、受発注活動が円滑になり、支援ではなく持続可能性の高い事業モデルとして就労困難者への仕事の流通圏が拡大されます。

実はこのモデルに関わる多くの方々が、障害等のある就労困難者と共に働くことは初めての経験です。このことにも大きな意味があります。障害のある方を雇用する企業が限られていることは紹介してきた通りですし、雇用していたとしても同じ職場で働く人は一部であり、多くの従業員はなかなか関わる機会がありません。

もう少し詳しく述べると、このモデルを通じた企業からの発注業務は主に人事や総務といったコーポレート部門よりも、ビジネス部門からのものが多くを占めます。ここでの仕事のやりとりを通じて、障害等のある方が本当に活躍できることを実経験として深く理解してもらえるのです。「ダイバーシティ、インクルーシブ、サステナビリティなどは、頭では理解していたが、実際に一緒に働くことで得られた経験は大きい」といった声をいただいています。一方で就労困難者側は、間に私たちが介在していることで体調不良や作業上のミスが起きても納品までのリカバリーが担保されており、失敗を恐れずに挑戦しやすい環境があります。

障害者の賃金を従来の約8倍増加させる

２００８年から２０２０年までにおける就労継続支援Ｂ型事業所の全国平均工賃の推移をみると、12年間で約３０００円の増加に止《とど》まっており、１・５万円という平均工賃は自立した生活を送れる水準ではないことが明らかです。一方、私たちのプラットフォームに参加した事業所では、従来の工賃増加額と比較して約8倍増加するケースが数多く生まれています（図表26、27）。

ただもちろん、これは登録する全ての事業所・ワーカーではありません。デジタル作業に初めて挑戦する事業所では、習熟するまでの間はむしろこれまでより低い工賃になってしまうこともあるなど、一朝《いっちょう》一夕《いっせき》ではいかない課題も存在します。それでも、こうした課題を抜本的に解決するための仕組みづくりに日々向き合い、解決させ、5年後には仕事の流通総額３００億円、現工賃の倍増超（平均）を実現する計画です。

企業、事業所、就労困難者、家族。全てのステークホルダーがそれぞれの挑戦を讃《たた》えあい、時に壁にぶつかり合い、また前進していく。それが、新たな活躍機会を創出する社会インフラの役目です。

図表26 就労継続支援B型事業所の全国平均工賃の推移

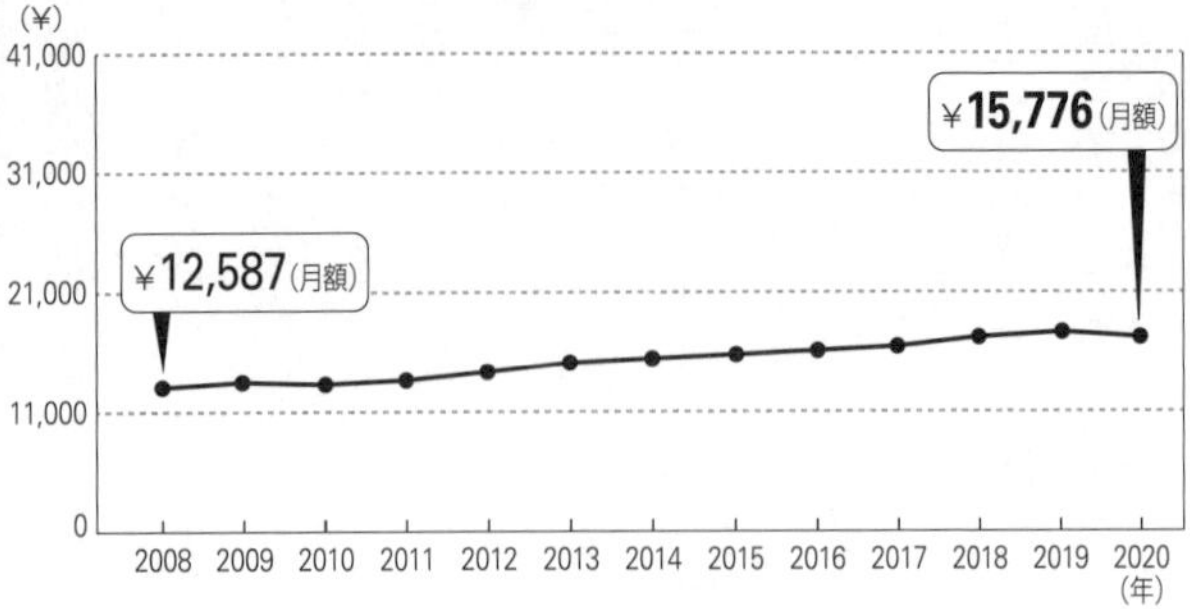

出典：令和２年度工賃（賃金）の実績について（厚生労働省）をもとに著者作成

図表27 NEXT HERO 参加事業所の賃金の推移

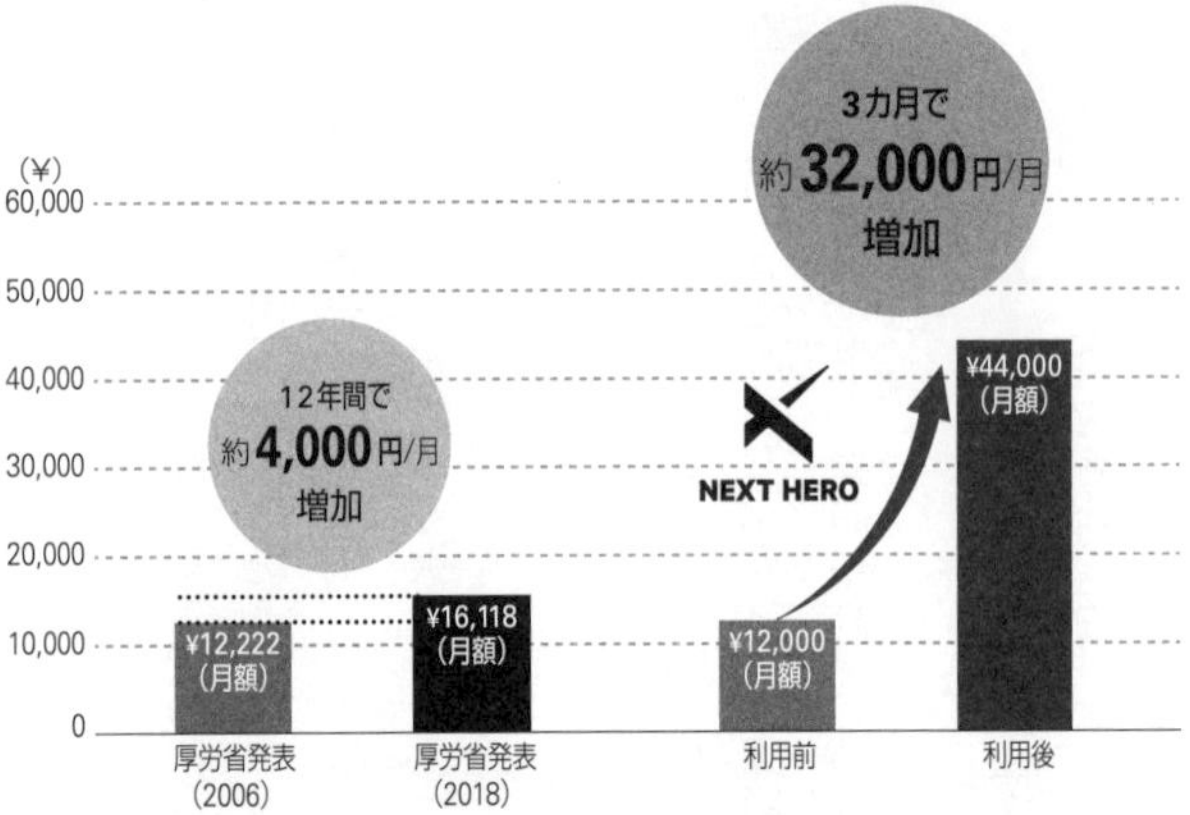

出典：就労継続支援事業所実態調査2018（厚生労働省）をもとに著者作成

社会性と経済性を両立させることは、決して容易ではありません。しかし難易度の高い社会課題だからこそ、突破するまで諦めない覚悟が生まれるのです。全てのステークホルダーがそれぞれの需要と意志を体現できる世界は実現可能です。仕事を大流通させるインフラをつくり、経済を発展させ、雇用を生む――。就労困難者ゼロ社会は実現可能なのです。

第5章

薬だけではなく仕事を——起業のきっかけ

この章では少し時間をさかのぼって、私がどういった人物で、なぜ起業するに至ったのかを、かいつまんでお話しします。生きていくうえでは誰しもそうかもしれないのですが、本当に失敗と改善を繰り返し続ける道のりです。就労困難者という社会課題を解決しようと決意するまでの思いを少しでも感じ取ってくだされば嬉しいです。

努力・根性・情熱の大切さと限界値

過去を振り返れば、小学校4年生の時に少年野球のクラブチームに入って以来、中学、高校、大学と野球一筋の人生でした。

高校では、野球の名門横浜高校で松坂大輔さんや上地雄輔さんを育てたコーチでもあり、島根県の高校の監督に就任された田中謙二監督にスカウトされ、甲子園を目指していました。中学に続き高校でもキャプテンをつとめ、監督からは「ミスター高校野球」と呼ばれていました。プロは無理だが、高校ではいい選手になれるという意味です。努力し続ければ、高校野球の世界であれば十分に活躍できる。そう言われ続け、とにかくがむしゃらに野球だけに打ち込んだ必死な日々。

私は大袈裟ではなく歴史上で最も野球がへたっぴなキャプテンだったと思います。中学、高校と監督たちが共通して私を評価したのは、努力・根性・情熱でした。昨今のトレンドからはだいぶ外れているかもしれません。何が得意かもわからず、何一つ自信を持てなかった私にとって、唯一、自分自身が認められる手段が努力・根性・情熱でした。とにかく不器用だった私は、豪快なホームランや華麗な守備といったプレーでチームを引っ張っていくことはできなかったので、誰よりも声を出し、誰よりも努力するしかなかったわけです。その姿を監督が見ていてくれ、チームメイトにも届き、私自身もバラバラのチームが一つになる過程に勇気づけられ、人間として大いに成長させてもらいました。多くの大人たちが、私を含め一人ひとりがグラウンドで目標を達成するために必要な「自分の居場所」ともいうべき役割をつくってくれていたのです。

　野球推薦で入った大学では1軍の座を狙って努力し、大学2年の時ついに1軍メンバーだけが呼ばれる合宿に声がかかりました。ですが、「やったぞ!」と思ったのも束の間、合宿から帰った後、二度と1軍に呼ばれることはありませんでした。この時、これまでやってきた努力・根性・情熱に限界を感じました。他の皆が１０００回素振りするところを１０００回やれば成長できると信じてきた私ですが、１０００回どころか、1万回、10万回やったとしても、この実力差は埋められないと気づきました。後にプロ野球や社会人野球で活躍していくレベルのチームメイトたちがたくさんいる中、自分は「ミスター高校野球」レベルで、努力や根性で埋められない実力差を痛感し、心底敵《かな》わないと思い知らされたのです。プロ野球で活躍する選手たちは突き抜けた才能を持つだけでなく、圧倒的な努力を惜しまない人たちであることも、人生で初めて目《ま》の当たりにしました。プロって、カッコいい。

大学3年の秋に野球を引退し、就職活動を始めました。挫折感・自分なりにやり切ったという満足感・厳しい練習の日々からの解放感が交わる何ともカオスな状態で、地に足がついていないような気持ちでした。

同時に、就職して社会に出ることへの期待も膨らんでいました。野球の世界で結果を出すことには限界を感じましたが、ビジネスの世界で成長したい、結果を出したいと思い、ワクワクしていたことをうっすらと記憶しています。

野球は知っている。けれど、世間を知らない。社会を知らない。会社を知らない。就職活動は相当苦労しました。悩んだ末に「仕事とは誰かの役に立つことだ」というシンプルな答えに行き着いて、自分が本当にやりたいことを考えに考え直し、医療・医薬の世界に興味を持ちました。

私は子どもの頃に腹膜炎で命を失いかけたことがあります。腹痛と痙攣《けいれん》で、救急車で緊急搬送されました。盲腸が破裂し病原菌が体中に回り、全身麻酔の緊急オペ。何とか助かったものの、あと6時間オペが遅れていたら命が危なかったと医師から伝えられたことがあります。

そんな経験があったことから、人生で初めて仕事をする先は自分の命を助けてくれた医療業界にしよう、恩返しをしよう、自分という労働力を医療業界に役立ててくれ。そんな気持ちで製薬業界を志望し、入社を決めました。

就職活動の際、面接でこの経験と思いを話したところ、野球の世界以外で初めて人から評価されたのです。内定をもらい、戸惑いながらも、純粋に喜んだことを今でも覚えています。

第二の父親の早過ぎる他界

製薬会社で勤務している中、高校野球時代の田中監督が他界されました。急性心筋梗塞。当時まだ41歳の若さでした。いつまでたっても野球がうまくならない、試合には勝てない、甲子園にも出場できない。そんなチームを一度も見捨てることなく、人生をかけて最後まで一緒に走ってくれた私の恩師です。知らせを聞いた時、無念さと悔しさで涙が止まりませんでした。

後日、初めてご家族にもお会いしました。ほぼ３６５日、３年間毎日同じ屋根の下で同じ釜の飯を食べ、「甲子園で勝つ」という夢に向けて一緒に生活をしていた田中監督にも、当たり前だけどご家族がいたんだ。心がグッと抑えつけられるような衝撃が走りました。たった一度の人生を球児に注いでくれていた。私たちは夢や目標を達成することへの厳しさと愛情で溢れた、第二の父親を失ってしまったのです。私にできることは、田中監督が「俺が小野貴也という人間を育てたんだ」と天国で胸を張ってくれる人間になることだ。弱音が滲《にじ》み出ながらも、不器用だけれども、「一生、努力し続けよう」と心に誓いました。

摂食障害との葛藤

少し話は変わりますが、私は大学時代から製薬企業での勤務時代にかけて約５年間、摂食障害と向き合う日々を送っていました。

摂食障害とは、食べる量や食べ方など食事に関する異常な行動が続き、体重や体型のとらえ方など、心身に影響が及ぶ病気の総称です。例えば必要な量を食べられない、逆に自分ではコントロールできずに食べ過ぎる、あるいは（私がそうでしたが）いったん飲み込んだものを意図的に吐いてしまうなどです。病名として代表的なのは神経性やせ症、過食性障害といったところでしょう。誰にでも起きうるのですが、特に10～20代の若者と、女性の割合が高いと言われます。日本で摂食障害を抱える人は年間21万人とされますが、これは医療機関を受診している人の数なので、治療を受けていない人の数を考えると、実際はもっと大勢いるでしょう。当然、社会生活にも悪影響を及ぼしますし、別の精神疾患を伴うこともあります。

当時、そのことは誰にもいえませんでした。私自身、摂食障害という疾患名すら知らなかったというのもあります。極端かもしれませんが、世界で自分だけが謎の心身状態に侵されていると思っていたのです。自身への認知バイアスが乱れ、崩壊していたのでしょう。同じ事実・事柄であっても、当人の思い込みによって辛さ、怒り、悲しみ、喜びといった感情は変動・増減し、これに伴い行動そのものへと影響すると、心理学でも証明されているそうです。

だから、食後に自ら嘔吐することを調べることもなく、恥ずかしくて家族にもいえませんでした。その後、起業したタイミングで完治。できる限りの範囲ですが、日本摂食障害協会の先生方や患者さんと、疾患への啓蒙活動に協力させていただいています。

医薬品の力だけではできないこと

製薬会社では、主に生活習慣病と精神疾患の医薬品を扱うＭＲ（クリニックや病院を相手にした営業活動）をしていました。精神疾患に関する情報を収集するうちに、自身の状態が重なっていたこともあり、患者さんの声を直接聞こうと、非営利団体が主催する精神疾患関連の患者会に参加しました。

その患者の会は、廃校になった小学校の教室で開かれていました。30名程度の大人が小さな机をコの字型にして座り、疾患や障害、治療方法、医薬品の副作用など、一人ひとりが向き合っている課題や悩みに関する情報交換が行われるのです。症状や悩みは人それぞれで、向き合っている課題はバラバラでした。しかし、一つだけ当時の参加者全員に共通していたことがありました。

「仕事がうまくいかない」

少し考えればこうした声も想像できるかもしれませんが、当時の私は衝撃を受けました。医薬品等の治療により症状が緩和されれば仕事というフィールドで再び活躍することができる、と理解していたからです。しかし、現実は違いました。

症状が緩和されると、また仕事で頑張ろうという思いは生まれるものの、コミュニケーションがうまくいかない、仕事内容がマッチしていない、復職者であることから十分な期待をされていないなど、とにかく「うまくいかない」のだそうです。さらに、そのことで症状が再び悪化してしまうとも聞きました。症状の悪化に伴い、服薬していた医薬品が1日1錠から2錠、3錠と、錠数や重量が増えていくことに対して、不安を感じている方もいました。

自身の摂食障害の経験や恩師が亡くなった虚無感などさまざまな思いと重なり、私は自分で良い薬をつくることはできないけれど、社会的な障害や困難と向き合い続けている方が仕事で活躍したいという意志を実現できる社会をつくりたい、と心に熱いものがこみ上げてきました。

そして患者の会での決意から3カ月後、私は起業しました。

前職では、会社にも社会にもほとんど貢献できていなかったはず。それにもかかわらず、同じチームの上司、先輩、後輩、そして同期のみんなが温かく送り出してくれたことは感謝に堪《た》えません。このような、ビジョンやミッションでつながっているチーム、組織、会社を、私もつくりたいと思いました。昨今の社会情勢にも果敢に立ち向かっている、本当に尊敬している会社です。

摂食障害の過食により給料のほとんどが食費に消えていたため、わずか25万円の貯金残高を全て引き出し、法務局へ行き登記しました。

起業後の道のり――お金

もちろん、登記してからとんとん拍子に事業が進んだわけではありません。ここでは２０１４年に創業してから現在にかけての道のりを、「お金」「人」「事業」の観点からお話しさせていただきます。

創業してから間もなく、創業融資の申請をしました。当時構想していたビジネスモデルは、障害者等が活躍するリモートコンシェルジュサービスでした。外資系のクレジットカードに付帯されているようなコンシェルジュサービスを汎用化させ、人手不足に悩む中小企業の経営者に提供する構想です。顧客ごとに専任の担当者がつきます。そうすれば、双方に良好な人間関係が構築されやすいと考えたのです。また、ＩＣＴを活用することにより、電話だけなくチャットでのコミュニケーションを取りながら、データ収集、資料作成、スケジュール調整などのビジネスワークを請け負うことができるという計画でした。

　ですが、融資は通りませんでした。創業融資には、一定の実績や資本金が大事とのことで、それには達していないというのが理由でした。その実績とはどのようなものかを確認したところ、売上高２０００万円程度あれば融資実行の実現可能性は十分に高まるとまでアドバイスをいただけました。これは非常に参考になり、目標を明確化できました。

　その後、年間４０００万円の実績と現在の障害者特化型ＤＸプラットフォーム「ＮＥＸＴＨＥＲＯ」のビジネスモデルを持っていったところ、２０１８年に創業融資が下りました。感謝しかありません。

　こうして創業融資を受けることができたわけですが、その資金もあっという間に減っていきます。着実に実績の積み上げはできているし、就労困難者が大活躍する社会インフラづくりは必ず達成できると信じて走り続けていましたが、いよいよあと数カ月で資金が底をつくところまで追い込まれました。
資金がショートするまで残り3カ月、2カ月、1カ月……という状況まで追い込まれた時、以前「全面的に協力する。何かあったら言ってくれ」という言葉をかけてくれた、元ラクスル社の副社長で新規事業家の守屋《もりや》実《みのる》さんに相談したのです。

　守屋さんはものすごく多忙な方です。最初に事業の話をさせてもらったのは、守屋さんの講演を聴いた後のことでした。「次の場所に行くまでだったらいいよ」と言ってくれたので、守屋さんが次の予定へ向かう移動の間、くっついて歩きながら私たちのミッションを聞いてもらったのです。

　冬の寒い日で、途中でセブンイレブンを見かけ、イートインコーナーでホットコーヒーを飲みながら話を続けました。就労困難者が仕事で活躍する仕組みをつくりたい。このミッションを達成するためにはＩＰＯ（株式上場）が必要だ。その思いを必死に伝えました。

　守屋さんは「君みたいな起業家が絶対ＩＰＯをするべきだし、君みたいな起業家がこれからの日本を引っ張っていくんだ」と、ミッションに強く共感してくれました。そしてその時、「全面的に協力する。何かあったら言ってくれ」との言葉をいただいたのです。

　そのことを思い出して守屋さんへ相談したところ、後日、社会課題解決型の事業モデルに共感する人たちがいるということで、投資家やベンチャーキャピタル（ＶＣ）をご紹介いただき、出資が決まりました。融資や仕事の受注以外でのお金を受け取ったのは、これが人生で初めての経験です。「出資を受ける」とはどういうことか。頭ではわかっていたつもりですが、実際に入金されると、それは理屈や想像を超えるものでした。ビジョン、ミッションを明確に持ち続け、事業計画の達成に向けて地道に粘り強く実行し続ける。すると、共感だけでなく、お金を動かしてくれる人が世の中に本当にいるんだ。本当にここにいたんだと、胸が熱くなりました。キャッシュアウトの危機的状況から、息を吹きかえしたのです。

その後も、共にビジョンの実現に向けて伴走してくれる心強いＶＣ・投資家とのご縁を数多くいただいています。２０２１年６月、２０２２年６月にも、資金を調達することができました。累計７億円の調達により、同じ船に乗ってくれる熱意のある仲間と共に、ビジョンの実現に向けて日々奔走しています。これからが正念場です。

起業後の道のり――人

ＶＡＬＴ　ＪＡＰＡＮの従業員数がまだ5名だった頃、そのうち３名が障害のあるメンバーでした。激走する不安定なスタートアップに飛び込んでくれた彼らの熱意は、本物でした。本気で私たちが掲げるビジョンを実現したいと共鳴してくれたのです。障害者の声、思考、感覚を得ずして、このビジョンの実現はない。そう決意し、十分な資金は正直なかったのですが、同じ船に乗ってもらいました。

そこから、さまざまなご縁をいただき、熱意をもった大切な仲間が増え、現在は当時の5倍を超えるチームで社会的ミッションに立ち向かっています。

就労支援経験者のみならず、ビジネスをつくってきた「0→1（ゼロイチ）」の人、小さな成長を大きな成長へと牽引する「1→10（イチジュウ）」の人、日本の経済をつくり、産業を牽引されてきた人など、社会性と経済性の両立を実現できる意志のある人たちが団結し、前例のない未来づくりに挑戦しています。今後3年で、１００名程度まで仲間を増やす計画です。

こうしてメンバーが増えていくと、事業をつくるのも、成長させるのも、継続させるのも、全て人から生まれていることを改めて実感します。未来づくりは、まだまだ始まったばかり。現メンバーそして未来のメンバーと共に、就労困難者の大活躍時代をつくります。

起業後の道のり――事業

起業後、業務委託ではありましたが、ありがたいことに就労支援事業所の支援員として経験を積ませていただきました。複数の事業所へ通い、受注した仕事を事業所の支援員と連携しながら回し、障害のある人が活躍できるオペレーションやスキームづくりを何度も何度も繰り返し行いました。それだけでなく、事業所の立ち上げにも関わらせていただきました。事業計画、訓練給付金や補助金の仕組み、利用者獲得のエリアと物件選定、受注業務の営業戦略なども行ってきました。

また、創業してからの前半5年間は、５００を超える事業所とコミュニケーションをとり、現場へ足を運び、抱える課題と向き合い、なぜ解決しないのかと悩み、共に取り組んできました。失敗も多く負担をかけることばかりでしたが、支援員、障害のある方、企業の方々と力を合わせれば必ず未来をつくれると信じ合い、一緒に走り続けてきました。この積み重ねは社会課題への理解やビジネスモデルの構築などに直結する、本当に大きな資産となっています。

事業所はもちろんのこと、障害者支援団体や自治体・官公庁との関係構築も大切にしています。第1章でお話しした通り、大先輩方が築き上げてきた歴史と礎《いしずえ》への敬意は決して忘れてはならないものです。先人から学び、協力し、共に挑戦することが、日本の未来づくりには不可欠です。

スタートアップだからといって、新しい事業モデル一つに過信してはいけないと肝に銘《めい》じています。全てのステークホルダーへの尊敬を決して忘れてはいけない。スタートアップのアイデアと圧倒的な実行力だけで大きな山が動くならば、もうすでに就労困難者の問題は解決しているはずです。逆にいえば、それだけ大きな山なのです。そして今ようやく、この山が着実に動き出していることを実感しています。だからこそ、ここからが正念場です。

事業をつくるのも、成長させるのも、継続させるのも、全て人の想いです。資金を調達し、仲間を増やし、事業を成長させ、社会的な労働経済のインフラをつくる。そして、国家級の社会課題を解決するのです。

僕が小野さんに惚れたワケ

儲からない。福祉の分野ってそういうイメージを持つ人が多いんじゃないかと思います。行政が税金を投下する必要のある分野で、民間は社会の求めに応えるカタチで手は打つけど、それ以上のことまではなかなか難しい。そんな感じが現実じゃないかと。ただ、そういう状況だからこそ、福祉の分野において、経済がちゃんと循環する仕組みを誰かが構築する必要があると考えています。

とはいえ普通に考えると、それをいの一番の優先順位の高いところに置くビジネスパーソンは少ない。そういうことをしていくべきだ、社会貢献をしなきゃいけないと考える個人が頑張るケースはあるけれども、スタートアップでガンガン儲けていこうという人が、優先順位をわざわざそこに上げることはまずないのです。だからどうしても、目立たないところで頑張っている人たちが頑張れる範囲で頑張っているだけの状況が、ずっと長いこと続いていたわけですよね。

そんなところに、ＭＲとしてバリバリに稼いでいた人のはずなのに、何か突然雷に打たれて、一気に入っていっちゃったのが小野さんです。最初に「ＮＥＸＴ ＨＥＲＯ」の物語を聞いた時に、一発で惚れてしまいました。

独立前の小野さんは製薬会社で働いていたわけですから、薬の力で患者さんに貢献しようとしていたわけです。しかしながら、とある患者さんの会に出席をした時に、本当の意味での社会復帰をするには「薬」を処方するではなく、「仕事での成功体験や自分自身の存在意義」を処方することが「根治」の一歩なんじゃないのか、って思ってしまったんですね。そう思うことだけでもスゴイのですが、さらにスゴイのは、思った挙げ句に会社を辞めて起業してしまったことです。この「思う」ことと「おこなう」ことの差分は天地です。

世の中の常識でいうと、よく「嫁ブロック」なんて言葉が言われますけど、こうした起業は家族に絶対止められる話だし、本人だってけっこう悩むはずです。たとえやり始めても、そんな簡単にはうまくいかない。うまくいかなくて、やっぱり心の中でまた迷うと思うんですよね、「やっちまった」って。「今だったらまだ戻れるかも」とか、何かを考えるはずですよ。繰り返しますが、簡単にうまくいくわけがないので。

それを気合いと根性で自分一人で頑張っているという小野さんの話を聞いた。しかも、やり切れるという手触りを感じつつあります、という話を聞いたら、普通の人は惚れちゃいますよね。初めて会った、池袋のセブンイレブンのイートインコーナーでそんな話を聞いて、僕は一発で惚れてしまったのです。

でも、やっぱり一人でもがき苦しんでいるから、いろいろと粗いところはあるわけです。だから、こんなことを、あんなことをやった方がいいんじゃないかとアドバイスしました。僕が言ったことに小野さんも共感してくれて。小野さんの受け答えからも、僕は僕で自分の強みを何かしら生かせるんじゃないかと思ったし、小野さんは小野さんで何か持って帰ってくれるものがありそうな感じがして、いい縁だなと感じることが出来た出会いだったのです。

起業のプロとして考える強み

ＶＡＬＴ ＪＡＰＡＮのビジネスモデルの強みを、起業のプロの視点で表現すると、「全国に散在する就労継続支援事業所をデジタルの力でネットワークすることで、仮想的に巨大な一つの就労継続支援事業所を創り上げる」という事業構造にあります。就労継続支援事業所の一つひとつは小さくて弱いのですが、それを束ねて一つのようにまとめることが出来たら、とてつもなく強いのです。その規模、なんと、ローソンと同じ拠点数、トヨタの１・４倍の人数、ユニクロの倉庫の３倍の床面積なのです。

これは私がかつて在籍したミスミが金型工場をネットワークして仮想的に日本最大の金型工場にしたり、ラクスルが日本の印刷会社をネットワークして仮想的に日本最大の印刷工場にしたりしたビジネスと、まったくもって同じビジネスモデルです。

日本って高度成長期にいろんなものが一気にできて、勢い余ってでき過ぎてしまった。加えて、いろんなものが効率的になったから、ついには「生産余剰」になってしまった。そうなると、細かく点在する全てのものに空き時間が生まれてしまうので、その未稼働時間を全部うまくキュッとつなげると、莫大な生産設備を持てる。その構造がきれいに当てはまるのがＶＡＬＴ　ＪＡＰＡＮのモデルなのです。

もう一つ、小野さんのすごいところをあげるとするなら、実現する意志の力ですね。国が福祉として手がけて、10年かけてようやく障害者の方の月々の収入を１万２０００円から１万６０００円にした。10年かけて月収を１万２０００円から１万６０００円って、何かの単位が間違っているんじゃないかと思いますよね。それを小野さんはたかだか３カ月で４・５

倍にした。そういう実際の結果を出しているんですよ。この数字だけで考えても、むちゃくちゃ可能性を感じません？　これを個人で、本当にやった一人目が小野さん。

これはアイデアとかテクニックとかの話ではないと思っています。アイデアやテクニックは参考になったり、より良い方法の模索としては使えるけど、それで道が拓けるかというと違うと思うのです。あくまで枝葉の話。やっぱり幹は自分事として本当にやりきるのか。そこにかかっていると思っています。それを強靭な意志でやり切った小野さんは、本当にすごいと思います。

スケールデメリットにどう立ち向かうか

ただ、だからといって、「今後も万事ＯＫ全てうまくいく」は怪しいですよね。現時点で「こんな風にやるとうまく回る」という、勝ち筋の原型みたいなものはできましたが、それは小さな限られた範囲での話です。小野さんが目の届く範囲で、小野さんができる範囲だったからうまく回った。だけど、それを組織的に拡大すると、全員が小野さんではないから、それほどうまくやれない。

こうしたケースはけっこうありますよね。組織が拡大すればするほど、創業者の意志や熱量がどんどん薄まって、気づいたら端っこは別物でした、みたいな。これは「スケールデメリット」といって、世の中でごく普通に起きている話です。その、世の中でごく普通に起きている話がＶＡＬＴ　ＪＡＰＡＮだけは大丈夫なんてことはないと思うのです。僕は「コト・ヒト・カネ」という言い方をするのですが、要は「事業・組織・キャッシュ」の全部においてスケールデメリットがそこかしこで生じるはずなのです。

スケールデメリットはある意味防ぎようがないわけですが、逆にいえば起きることはわかっている。だから手を打とうよ、というだけの話かと。具体的な手の打ちようは、自分たちらしくやればいいわけで、別に前人未踏のトラブルが発生するわけじゃない。スケールデメリットなんて令和の今だけじゃなくて、平成でも、昭和でも、大正でも、明治でも、きっと江戸時代や鎌倉時代でも起きていたのです。単にそれにあたる言葉がなかっただけで、当たり前のことが当たり前に起きるだけなので、それ自体は大した話じゃない。ただ、ＶＡＬＴ　ＪＡＰＡＮが、小野さんが初めて経験するから困難性が高まってしまうだけなのです。

だから、そうした経験を持つ仲間をうまく組織に吸収していく。全く経験していない人が初経験ですったもんだするよりは、経験のある人をどうにか自分の周りに集めて、可能な限りうまく乗り越えていくことが大事になってくる。それが組織であり、生態系だと思うんです。経営者は最適な組織や生態系をつくることで、うまく成長できるように頑張る。

なので、そういうことを今後頑張っていければいいし、そういう人を小野さんが口説けるか、そういう人がＶＡＬＴ ＪＡＰＡＮを見つけることができるかがポイントだと思います。

ＮＥＸＴ ＨＥＲＯという名前を忘れてはいけない

ＮＥＸＴ ＨＥＲＯというサービスの名前は、創業の想いの象徴ですよね。これまではヒーローじゃなかった、でも実はその人たちにすごいポテンシャルがあって、活躍できる。その人が活躍することによってありがたいと思う人もたくさんいるはずだ。だからこそネクストヒーローだ、という小野さんの想い。

なんですけども、その想いをもってスタートアップをつくっておきながら、それに相反することが起こりうる。例えば株式上場が近づいてくると、上場審査を突破するための話が出てくるわけです。上場審査を突破すること自体とＮＥＸＴ ＨＥＲＯに込めた想いは関係あるといえばあるけど、ないといえばない。例えば上場審査では、予実（予算と実績）の一致が問われたりするわけです。だから、もし売り上げが足りなかったら、どんな手を使ってでも売り上げをつくらなきゃいけない。その「どんな手を使ってでも」という日本語はＮＥＸＴ ＨＥＲＯという言葉と相性悪そうな気がしますよね。

全部が全部、予定通りに回ることはないから予実は上下してしまうだろうし、全ての利害関係者と全て円満にうまく立ち回れるわけもない。ＮＥＸＴ ＨＥＲＯという言葉に冷や水を浴びせる人も出てくるかもしれないし、その背骨をひん曲げる力がかかってくることもあるかもしれないのです。それをどうやって、ひん曲がらずに頑張っていけるか。小野さんが仲間たちも含めて、どうやってまっすぐ成長していくのかが大事になってくる。でも、それはなかなか難しいです。創業時は熱い情熱の塊だったスタートアップが、大きく成長して大企業になっていくなかで、「大企業病」と言われるような何かしらの症状に見舞われるのが普通です。それをどうやって、スタートアップの熱さを温存しながら、大企業のスケールを手に入れていくのか。創業の想いの象徴である、「ＮＥＸＴ ＨＥＲＯ」という名前に込めた想いを忘れちゃいかんと思うのです。

社会課題という「残してきた宿題」

社会の課題に起業というスタイルでチャレンジできるようになってきたのは、すごく好ましいことだと思っています。なぜならば、昔は社会課題なんて気にしていられなくて、食うにも困り、ありとあらゆるものが足りなくて、それこそ洗濯機やテレビが「三種の神器」と言われていた。そういう生活が貧しかった時期は、社会課題がどうのって話になりませんよね。社会自体が全部課題だったから。そもそも生きていくのが大変な時代はＮＥＸＴ ＨＥＲＯなんて言っていられないですからね。まず自分が生きなきゃいけない。

それが少しずつ進化して、社会が一定程度まで来た。だからこそ、今度はこれまでビジネスの世界で優先順位からこぼれてきてしまった、不幸にもまだ取り残されている、社会が残してしまった宿題にみんなが目を向けられるようになってきた。

わが国においてはいろいろなものが成熟してきて、これまで残してしまった宿題にもようやく真正面から取り組むことができる社会が育ってきた。この状況は大変喜ばしいと思うし、そこまで来たのであれば、やっぱり真正面から向き合うべき時なんです。そういうことができる時代の中で、最初に手をかけ始めている小野さんは、時代の流れにもすごく合っている。

ＶＡＬＴ ＪＡＰＡＮが成功して、社会課題に対して福祉の施しの気持ちだけではなく、産業として、経済としても取り組めることにみんなが気づいてくれたら、社会課題をより継続的に解決することができて、経済が循環する。誰かが稼いだ金をもらうことで生きながらえる形ではなく、自立して回るという根本的な解決へ向かうことができる。すごくいい時代になってきた。いい時代になったんだから頑張るべきだし、いま頑張っている小野さんが結果を出すことが社会の勇気にもなる。この活動をいろいろな人に知ってもらって、じゃあ僕も私も、と思ってもらえたらと思っています。

守屋実氏プロフィール

「新規事業家」として知られる実業家。１９９２年ミスミ入社、新規事業開発に従事。２００２年新規事業の専門会社エムアウトをミスミ創業者の田口弘氏と創業、複数事業の立ち上げおよび売却を実施。２０１０年守屋実事務所設立。新規事業家として活動。ラクスル、ケアプロの立ち上げに参画、副社長を歴任後、キャディ、シタテル、ガラパゴス、みらい創造機構、ファンディーノ、日本農業、サウンドファン、ＶＡＬＴ ＪＡＰＡＮ、セイビー、リベラウェア、ミーミル、あすけん、テックフィード、ドクターメイト、カイテク、ＭＡＧＩＣＳＨＩＥＬＤＳ、フリーランス協会、みんなのコード、おうちにかえろう病院、ＪＡＸＡ、博報堂、リクルートＨＤ、ＪＲ東日本スタートアップなどの取締役、顧問、フェローなど、東京医科歯科大学客員教授、経産省、内閣府など有識者委員、山东省工业和信息化厅の人工智能高档顾问を歴任。２０１８年４月ブティックス、５月ラクスルを、２カ月連続上場。近著、「起業は意志が10割」（講談社）、「ＤＸスタートアップ革命」（日本経済新聞出版）。

第6章

データテクノロジーがつくる就労困難者と日本経済の未来

この章では、就労困難者の「個」の能力・特性をどのように拡張させ、労働市場の構造改革に結びつけることができるかを解説します。カギになるのは「データ」です。データを集積し、可視化することでより効果的な協働モデルへと進化し、活躍機会が創出され、一人ひとりの自己実現を後押しする仕事が好循環します。

労働市場の構造変革から個の拡張へ

今一度、未来への話に軸足を戻します。日本はこの先の労働人口減少問題と向き合い、持続可能な社会へと進化しなければなりません。

そのためには、第1章でも述べた「協働モデル」の実行が必要です。これまで埋もれていた就労支援事業所や就労困難者の可能性や能力・特性を、「個」ではなく「集」で捉え、数々の事業活動やサプライチェーンに取り入れ、市場や社会に対して新しい価値が創出されれば、「労働市場の構造」は大きく進化します。

企業セクターと就労困難者セクター双方の間で仕事を大きく流通させる協働モデルは、労働市場の構造変革そのものです。では、企業等と就労困難者が共に働く機会が底上げされて

図表28　構造改革から個の拡張へ

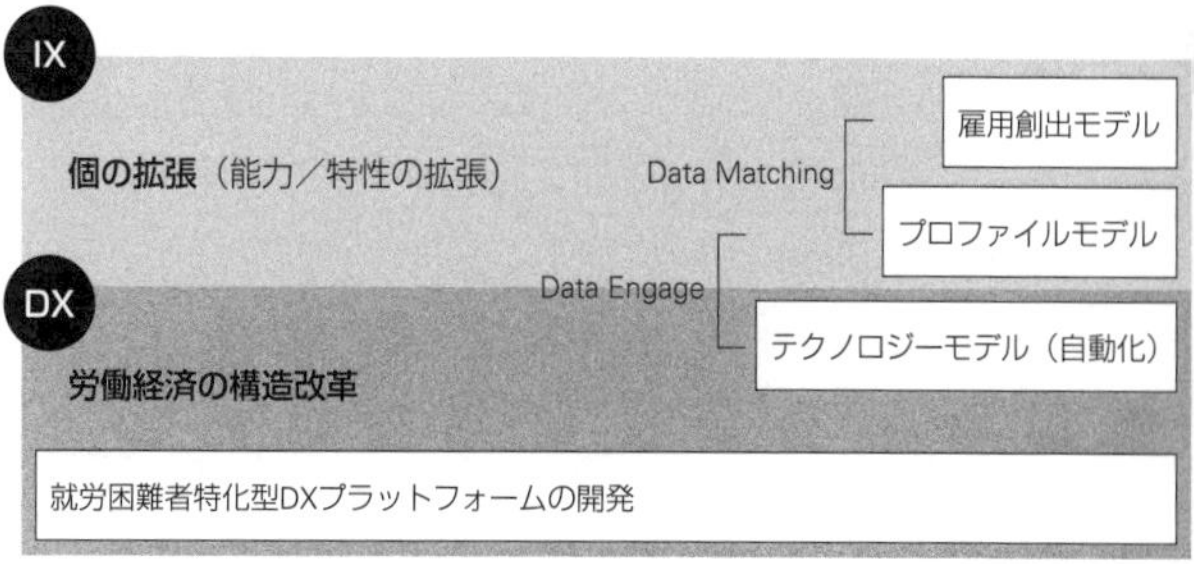

出典：著者作成

仕事の流通が加速したとして、その後に必要な戦略は何なのでしょうか。

次のミッションは、「個の拡張」です（図表28）。私たちは今、国内で最も潜在的な能力とアセットを保有する就労継続支援事業所に着目し、そのポテンシャルを最大化することに挑戦しています。

就労継続支援事業所の能力

・どんな仕事が受注可能か
・その仕事に応えられる供給力は
・その仕事のプロジェクトマネジメントを行う支援員の経験・能力は
・設備は
・協力関係にある他の事業所ネットワークは
……など

これらは全て、一つの事業所が持つケイパビリティ（能力・特性）です。決して、全ての領域のケイパビリティが高くなければいけない、ということではありません。強みと弱みを正確に把握することにより、協働モデル（社会的インフラ）は、補完・強化・後押しすることが可能となり、各事業所や就労困難者セクターの能力の最大化を実現します。さらに、こうした供給側の能力や特性が見える化され、ビッグデータとして蓄積されれば、企業が協働する大きな動機となります。

また、労働市場における業務種類、量、需要の変化なども同時にデータとしておさえることにより、最適に突合するための規則性も見出せます。アルゴリズムとして最適な突合関係に一定の解を出すことができれば、企業から就労困難者への業務発注が自動化へと動き出す時代が到来します。

このように、就労困難者側のサプライサイドと発注企業側のデマンドサイド、双方のケイパビリティを適切に把握することができれば、労働市場の構造変革を実行することが可能です。それにより活躍機会が底上げされれば、就労困難者が活躍という言葉すら超えて「大活躍する」ことができます。

個の拡張と脳の多様性

ヒューマンオーグメンテーション（Human Augmentation：人間拡張）という概念があります。これは、テクノロジーを通じて人間の能力を増強・拡張させる技術力と、その背景となる人間の探求力を統合的に追究する学問領域です。拡張の対象は、主に知的能力・身体能力・認知能力とされ、また障害者や高齢者の能力を補足・補完することや、能力の回復も対象領域と言われています。それにならってここでも「個の拡張」を主張したいのですが、本書ではこうした人間拡張とはやや異なる、次のような定義をします。

そもそも人間が持つ能力や特性を正確に把握し、社会の需要と適合する領域を発見することにより、その能力や特性は最大化できる

仕事における能力そのものを向上させることはスキルアップに近く、その取り組みは現代においてもさまざまな場所で日々進化しています。その上で、就労困難者ゼロ社会を実現するために大事なことは、今の能力を最大化する領域に出会うことだと考えます。そのためには、まず一人ひとりの「個」が持つ能力や特性を定性的ではなく定量的に把握することから始まります。

少し前に、このような意味での個の拡張を想起させるニュースが世界で配信されました。

・「ＡＩめぐる人材争奪戦、自閉症者に熱い視線」（ウォール・ストリート・ジャーナル）
・「自閉症を『ＩＴ戦力』に、米就労支援の最前線」（ロイター）
・「ニューロダイバーシティ：『脳の多様性』が競争力を生む」（ハーバード・ビジネス・レビュー）

ニューロダイバーシティ（neurodiversity）とは文字通りニューロ（神経）の多様性を意味し、ネガティブに捉えられることの多かった自閉スペクトラム症、ＡＤＨＤ、統合運動障害、失語症、計算障害、読字障害などの発達障害を脳神経の「違い」として見ます（図表29）。

例えば言葉によるコミュニケーションに難がある一方で視覚情報の処理に長けるケースもあれば、過敏な感性がユニークな感性につながるケースもあります。これらを多様性と認め、周囲に合わせるために治療するのではなく、周囲によるサポートによってその能力を生かす。

図表29　**ニューロダイバーシティの概要**

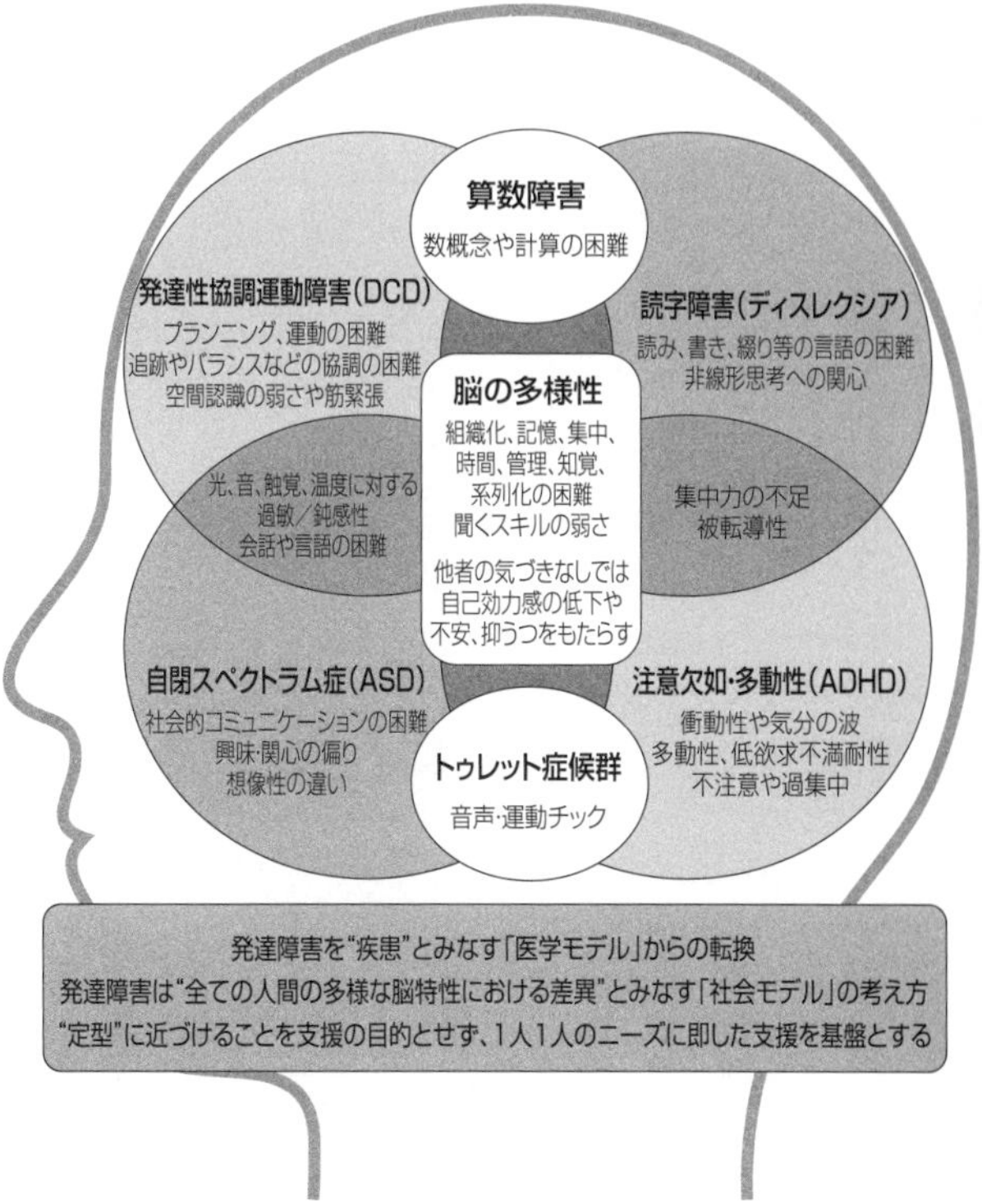

出典：ニューロダイバーシティと発達障害学生支援（筑波大学人間系准教授 佐々木銀河）

それが武器となる場所で輝く。世の中はそうした方向へ変わってきています。

シリコンバレーに代表される一流のエンジニアたちの間にこうした特徴を持つ人が多いことは有名です。スティーブ・ジョブズやビル・ゲイツなどがその筆頭でしょう。こうした特異性を個人の才能で片づけるのではなく、組織へ意図的に取り込むことが目指されているのです。この動きは金融、コンサルティングなどさまざまな業種にも広まっています。日本の取り組みはこれからの部分もありますが、これらの能力や特性は、すでに企業の戦力として認知され、企業成長と社会成長を加速させています。

個の拡張は、このような潜在的能力を把握することから始まり、担う業務やチームメンバーの構成が最適化された際に実現されます。

個の拡張に必要なステップを大まかにまとめてみます。

・潜在的な能力や特性を把握する（見える化し、蓄積する）
・労働力、技術力など、社会需要と重なる領域を発見する
・自己実現と社会需要の合致点をゴールとし、ゴールまでのシナリオ・プロセスを描く
・実行する

図表30　ビッグ・ファイブ理論

	傾向	特徴
外向性	興味関心が外界に向けられる傾向	積極性、社交性、明るさ
調和性	バランスを取り協調的な行動を取る傾向	思いやり、優しさ、献身的
誠実性	責任感があり勤勉で真面目な傾向	自己規律、良心、慎重
神経症的傾向	落ち込みやすいなど感情面・情緒面で不安定な傾向	ストレス、不安、衝動的
経験への開放性	知的、美的、文化的に新しい経験に開放的な傾向	好奇心、審美眼、アイデア

出典：ビッグ・ファイブ（特性5因子モデル）（モチラボ）

個々の能力・特性をどう把握するか

特性を把握すると書きましたが、特性とはつかみどころがないものです。ここで参考になるのが、近代心理学研究の主要な理論の一つ、ビッグ・ファイブ理論です（**図表30**）。

ビッグ・ファイブ理論は、人の性格は五つの要素の組み合わせから成るとする理論です。例えば受験や就職活動などで実施される性格適性検査の多くは、このビッグ・ファイブ理論をベースに開発されています。

五つの要素は研究者によっても若干異なるのですが、現在はコスタとマックレーという研究者の整理した「外向性」「調和性」「誠実性」「神経症的傾向」「経験への開放性」の5

つが用いられます。各要素にはそれぞれの長所と短所が存在し、高ければよいわけでも、低ければよいわけでもありません。あくまでも自己理解の手段として用います。

そのほかにも就労支援事業所や障害者等がもつケイパビリティデータの活用、ニューロダイバーシティの世界など、これまで埋もれていた可能性を実現できる時代が動き出しています。

例えば、すでに就労支援業界で実装されている職業準備の一つである「就業アセスメント」においても、データ蓄積に関する重要な要素があり、さらなる工夫により進化できるポテンシャルが大いにあると考えています（図表31）。

個人的には、職場見学・実習から就職までの間に、実務経験を積み上げながらケイパビリティを把握するステップがあって良いと考えています。さらに、職場見学・実習から就職先までの間に、企業で発生している実業務を一定期間継続的に積み上げられることができれば、企業も障害者等の採用におけるミスマッチが防止できます。

また、入社前に必要な合理的配慮や業務オペレーションの改善などにも取り組み、特に企業側にとっては企業活動・事業活動における生産性の向上を加速することができるでしょう。

実務経験の積み上げが実現できれば、後述する経験学習サイクルを回す機会が増え、障害者

図表31　就業アセスメントの種類と流れ

アセスメントの種類		特　徴	検査名
標準アセスメント	・統計的に信頼性と妥当性が確かめられているアセスメント ・検査道具や手順、アセスメントの実施方法が決められている	・統計的に処理された客観的な結果で比較や特徴を把握できる ・実施者が、実施方法や解釈の仕方等を熟知しておく必要がある	・WAIS-IV知能検査 ・厚生労働省一般職業検査（GATB） ・ワークサンプル幕張版（MWS）
非標準アセスメント	・観察や聞き取り等によるアセスメント	・実際の職場や模擬的な作業場面、日常生活の様子を直接確認できる ・アセスメント実施者が何をアセスメントすべきなのか、見るべきポイントを知っておく必要がある ・支援者によって評価が異なる場合があり、主観的になりやすい ・第三者との結果の共有がしにくい場合がある	・模擬的な作業場面での行動観察 ・面談 ・各種チェックリスト（就労支援のためのチェックリスト等）

移行型・A型・B型の作業はここに位置づけられる

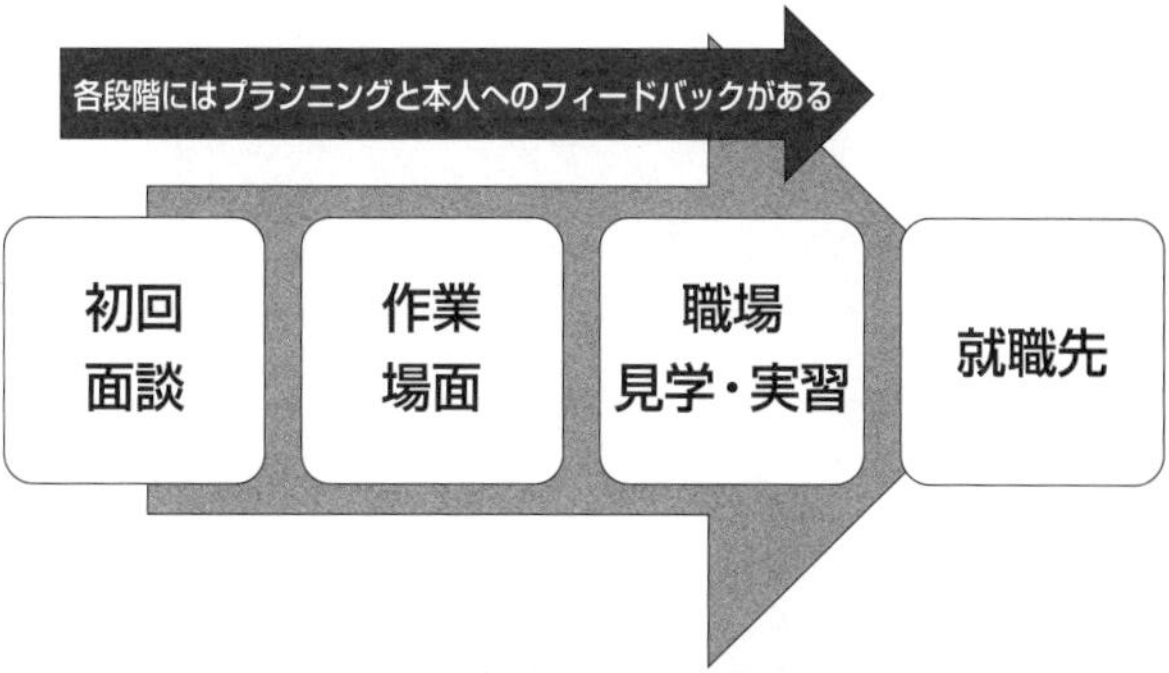

ポイント：支援者は常に本人が何に躓いているか、確認し、できていないところが何から来ているのかをチェックする→作業のパフォーマンスを上げていく→自信に繋げていく

出典：『発達障害者のアセスメント』（障害者職業総合センター）

等の強みや弱み、企業側がその能力や特性を最大化させるために必要な環境、仕組みづくりが活性化されることにも期待ができます。

実務経験で積み上げたいこと、明らかにしたい「問い」の一部を次に示します。これらは就職後に必要なスキルや環境でもあるといえます。

品質とオペレーション

・企業が求める仕事の品質を、継続的に満たし続けられるか
・品質が安定化する業務オペレーションは、今の方法がベストか（改善できることはないか）

業務特性

・その企業の顧客やユーザー起因により、業務の内容に大きな変動はないか

コミュニケーション

・ＩＴツールを活用したコミュニケーションにおいて、工夫できることはないか
・齟齬《そご》が発生しないよう、言語化や見える化を徹底する仕組みが構築されているか

・わからないことを具体的に相談できるようにするためには、どのような仕組みが必要か

技術やキャリアの応用

・一度経験した業務から得たスキルを横展開するとしたらどのような業務になるか
・キャリアを積み上げ、さらに所得や経験値を向上させたいという意志に応えるための情報や機会はあるか

これらの問いは全て、実習や企業へのヒアリングだけでは十分な解を出すことが難しく、実務経験を通じて獲得できるものであり、そのログ（記録）を定性的かつ定量的に蓄積できれば、企業と障害者等が仕事を通じて活躍し合える可能性が高まると期待できます。

「履歴書」から「プロファイル」に進化する

就労困難者一人ひとりの能力や特性を把握し、また実務経験を通じて細かい粒《りゅう》度《ど》でその変化と進化を記録し続けることができれば、企業などのこれまでとは全く異なる環境で挑戦

する際にも、適宜必要な関係者にデータが共有され、必要な仕組みづくりや環境整備へと動き出すことができます。企業側も経済活動を行う組織であることから、障害者等の雇用を「事業成長」「組織成長」につなげたいはずです。

こうしたプロファイル戦略を立案し実行する上で参考にしたいのが、スウェーデンの国営企業サムハルの取り組みと、厚生労働省が推し進める「ジョブ・カード」です。

サムハルでは、次の16項目におけるデータを収集・活用し、一人ひとりの能力や特性を把握しながら、活躍機会を生み出しています。

① Reading（読む）
② Writing（書く）
③ Calculating（計算）
④ Time and punctuality（時間厳守）
⑤ Hygiene（衛生）
⑥ Fine motor ability（細かい運動スキル）
⑦ Strength（精神的な力）

⑧ Mobility（可動・移動性）
⑨ Physical endurance（身体的持久力）
⑩ Concentration and focus（集中力）
⑪ Problem solving（問題解決力）
⑫ Cooperation and teamwork（協調・協力性）
⑬ Communication（コミュニケーション力）
⑭ Flexibility（柔軟性）
⑮ Independent work（自主・自立性）
⑯ Service performance（対人サービス力）

出典：【レポート】障がい者と共に実現するスウェーデンのソーシャルイノベーション～サムハルＣＥＯとのラウンドテーブル～（ＤＢＩＣ）

ジョブ・カードは多様な人材の就労がスムーズに進むよう、「生涯を通じたキャリア・プランニング」と「職業能力証明」の機能を担うツールです。ジョブ・カードのサイトで示される質問に答える形でキャリアプランを作成し、必要に応じてキャリアコンサルタントの支援を受けます（図表32）。

・生涯を通じたキャリア・プランニング

キャリアコンサルティング等の支援の前提となる個人の履歴や、支援を通じた職業経験の棚卸し、職業生活設計等の情報を蓄積し、訓練の受講、キャリア選択等の生涯のキャリア形成の場面において活用する「生涯を通じたキャリア・プランニング」のツール

・職業能力証明

免許・資格、教育（学習）・訓練歴、職務経験、教育・訓練成果の評価、職場での仕事振りの評価に関する職業能力証明の情報を蓄積し、場面・用途等に応じて情報を抽出・編集し、求職活動の際の応募書類、キャリアコンサルティングの際の資料等として活用する、職業能力を見える化した「職業能力証明」のツール

出典：ジョブ・カード制度総合サイト

図表32　**ジョブ・カードの活用例**

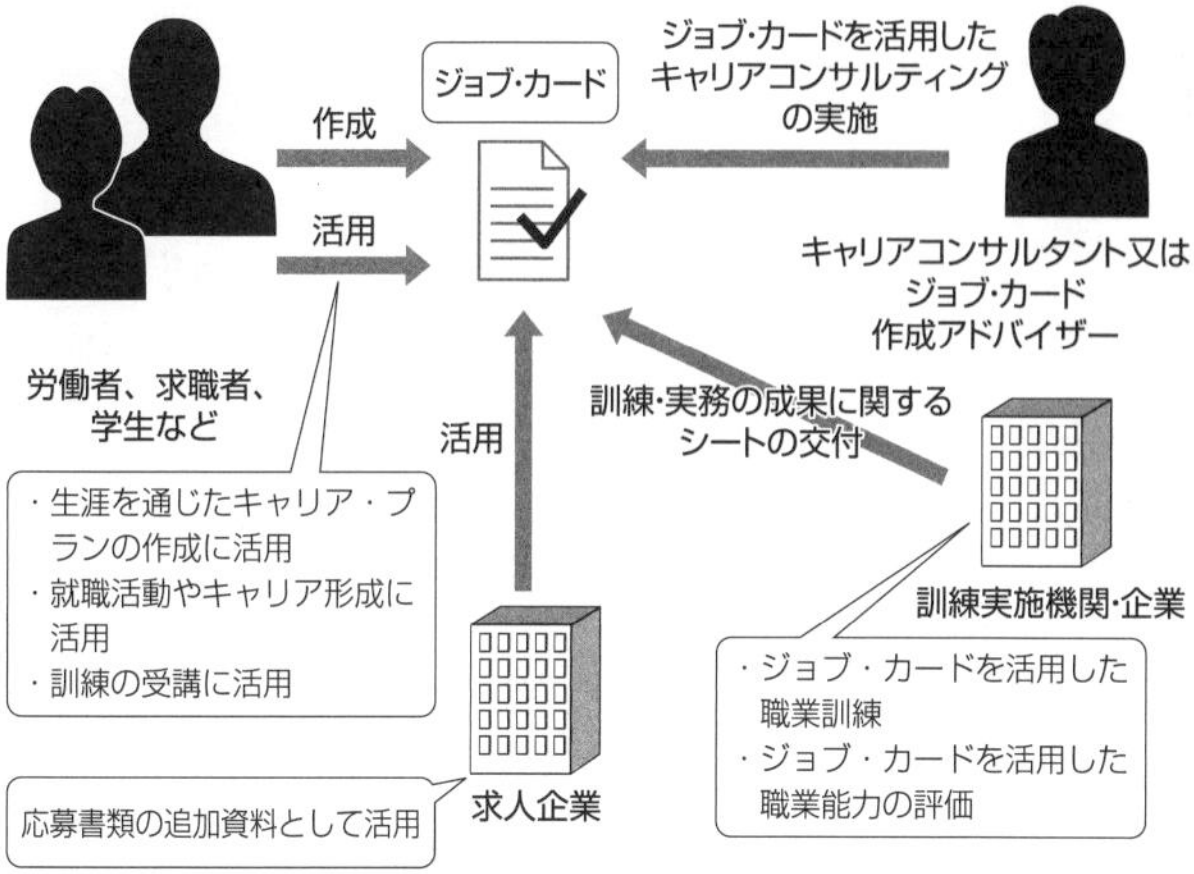

出典：ジョブ・カード制度総合サイト

　ジョブ・カードをつくることで、履歴書だけでは理解されにくい職業能力を証明することができます。あるいは、ジョブ・カードに蓄積した情報の中から必要な要素だけを自分で選び、履歴書や職務経歴書として活用することも可能です。企業側も単純な履歴書だけではわからない、応募者の職業能力を詳しく理解することができ、雇用において双方にメリットをもたらします。普及率はまだ低いのですが、非常に参考になる取り組みです。

能力・特性を蓄積させる一手「経験学習」のサイクル

自信は経験の積み重ねで生まれる。これは決して精神論ではなく、「経験学習モデル」という経営学の理論でも証明されています。

成人における「学習に影響を与えた要素」のうち、70%は仕事上の経験、20%が他者を観察したりアドバイスを受けたりすること、残りの10%が研修の受講や読書によるものとされます。この配分は自身を通じて実感する人も多いのではないでしょうか。

経験学習は次の四つのステップでなされます。

① 具体的な経験
② 内省的な観察
③ 抽象的な概念化
④ 積極的な実験

具体的な経験を得て、それを振り返り、抽象概念に整理する。そうして得た知見から実践を重ね、新たな経験を得る。この繰り返しで学習が進みます。適度なストレッチのきいた目標を目指し、成功・失敗にかかわらずしっかりと振り返って学ぶことで、今までの自分より一回り大きく成長できるのです。

理論を知らずともこのサイクルを回しているビジネスパーソンは多いでしょう。しかし多くの就労困難者はそもそも「ストレッチした目標への挑戦」（＝経験）をする機会が十分とはいえず、学びのサイクルが回りづらい構造的な課題を抱えています。このことがキャリア形成のハードルを高めてしまっています。

履歴書、職務経歴書は、経験があることを前提に作成されています。また、受け手側も、当たり前のように経験がびっしりと書かれたものと認識しています。私も月１００回程度の面接を行っていますが、こうした書類を見慣れています。ですが、就労困難者の当たり前はそうではないのです。

もし就労困難者が経験していることを細かい粒度で書けるようにできたら、その人の特性がしっかりと把握できるようになり、日々の業務の中で一人ひとりの挑戦が生まれます。

例えば、とある品質チェック作業で成果物の不備を発見したとします。しかしそれを指摘すれば、担当した人たちが怒られるかもしれない。責められるかもしれない。だから見過ごすかどうかに悩む。しかし見過ごさずに、自分の仕事を全うし再発防止を考えてみる。そして事実と合わせて今後への提案も添えて支援員に報告する。こうした誠実かつ勇気ある考え方と決断力も、実務経験による「経験値」から生まれます。経験値の積み重ねが、目に見える成果へとつながっていくのです。

ビジネスパーソンには成果が求められます。それは当然のことです。しかし、就労困難者にとっては、その成果を出すまでのプロセスに、私たちには見えていない成果がたくさん生まれています。これらの成果には、企業や社会に貢献する経済価値を生み出す力や、人の心を動かす力が詰まっています。日々の変化と挑戦が見える化されるプロファイルが、一人ひとりへの理解を深め、共感を生むことにつながるのです。

データテクノロジーが企業セクターと就労困難者セクターを結びつける

仕事で得られるパワーは偉大です。仕事は誰かに認めてもらえる最高のツールだと思っています。そして当然のことながら、私たちはそれによって就労困難者が得られる「お金」も重要視しています。

実際、ＮＥＸＴ ＨＥＲＯを介して仕事をして収入を得るようになり、今まで親元を離れたことのなかった人が自立して一人暮らしを始めたり、恋人ができて二人で生活できるようになったり、あるいは会社勤めではなくフリーランスに転身することで収入を得られるようになったりした話を聞くと本当に嬉しくなります。ＮＥＸＴ ＨＥＲＯで仕事をし始めてパソコンに興味を持ち、そのスキルを身につけて事業所を卒業し、一般企業に就職した人もいます。

仕事をし、相応の収入を得て、「自分も社会や誰かのために役に立っている」と実感することが自己肯定感やＱＯＬ（Quality of Life）を高めていきます。また、得た収入によって実現できたことの一つひとつもＱＯＬを高めていきます。誰かの役に立ちたい。収入を増やしたい。仕事を頑張ってみたい。こうした意志を持った時、すぐに挑戦できる選択肢をつくることが、社会インフラの使命です。

一人ひとりの特性は、自分自身もわかっているようでわかりません。ぼやけています。ストレングスファインダーや16パーソナリティーズといった広く知られる診断・分析ツールを活用すれば、自身の特性を表層的には理解できるようになるでしょう。しかしそれだけでは、自分自身のパフォーマンスが最大化される仕事が何なのかはわかりません。あるいは、大切なのは、自分自身がその仕事や仲間と一緒にいて楽しいかどうか、ワクワクするかどうかかもしれないのです。

一人ひとりのプロファイルが蓄積されれば、仕事を通じて活躍し続け、自分の存在価値を強く実感し続けられます。プロファイルは、日々の変化・進化を記録した「もう一人の自分」なのです。就労困難者と企業を強力に結びつけるデータテクノロジーは、社会構造を進化させる重要な一手になりえます。

薬ではなく、仕事を処方する時代へ

データテクノロジーを活用してプロファイルが実現できれば、最終的には医療と連携していくことが望まれます。主治医やセカンドオピニオンをもらうドクターに対して、患者さんが普段どんな仕事をしているのか、こういう体調の時にこういう仕事をした結果、こうなりました、といった実状がある程度共有可能になれば、医師が最適な診断や治療を行うための大きな判断要素になるわけです。

仕事には、自分を認められるようになることや、人との関わりが増えること、適正な収入を得られることなど、生活や人生に直接関わる要素がたくさん絡んでいます。繰り返しますが、特にこの資本主義経済の中で、やはり賃金というキーワードは絶対に除《よ》けてはいけない評価軸ですから、この点でも時代を前進させねばなりません。

一方で、スピーディに解決できない問題もあります。個々の障害特性や症状によっては、新しい仕事に対して極端に不安を感じてしまう方々もいます。私たちの力不足で、特性にあった仕事を創出することができなかった経験もあります。だからこそ一日でも早く、一人ひとりの自己実現を果たせる再現性の高い仕組みを完成させなければなりません。目指すのは、薬ではなく個々の特性や症状・体調に合わせて「仕事を処方する」ことで、個々のＱＯＬを上げる世界です。

第7章

スタートアップが挑戦する社会性×経済性

この章では、就労困難者という社会課題に対してなぜ、スタートアップという方法で取り組むのかを説明したいと思います。もちろん世の中にはさまざまな種類の組織や方法があって、それらを否定するものではありません。ただ私たちが挑戦している領域には、スタートアップによるスピーディな解決と、株式公開市場で未来づくりを加速させることが重要な一手であり、使命であると考えています。

スタートアップはなぜイノベーションとスピードを追求するのか

そもそも、スタートアップとはどのような組織でしょうか。最もシンプルな定義は「急激に成長する企業」だと思います。ですから、起業＝スタートアップではないですし、創業間もない会社＝スタートアップでもありません。急速に世界を変える（ことを目指す）組織形態であることが重要です。

東京大学出資のもとで投資、起業支援、キャリアパス支援の活動を行う東大ＩＰＣという会社による解説がわかりやすいので、少し長くなりますが抜粋します。

スタートアップとは、急成長をする組織のことです。わずか数年間で数千億円の価値評価が付く会社や、数十年で世界を変革するような事業を行おうとしている会社などをさします。急成長をする組織であれば、組織の規模や設立年数などに関わらず、スタートアップに該当します。

急成長を図るスタートアップに対して、着実な成長を図るビジネスはスモールビジネスと呼ばれています。スモールビジネスの具体例は、美容室や飲食店などです。

多くのスタートアップは、急激な変化やハイリスクをいとわないビジネスを手掛けています。そして、この急激な変化の背景には「技術の変化」がしばしば関係していることから、スタートアップには技術系のビジネスが多く存在しているのです。

また、たとえ技術を用いた事業を手掛けていたとしても、必ずしもスタートアップに該当するとは限りません。技術を用いて着実な成功を目指しているビジネスであれば、スモールビジネスに該当します。

以上のことから、スタートアップかどうかを判断する指針は、あくまでも「短期間で急成長を果たすかどうか」である点を把握しておきましょう。

スタートアップには短期間での急成長が求められており、このためには新たな市場や

図表33　スタートアップの「Jカーブ」

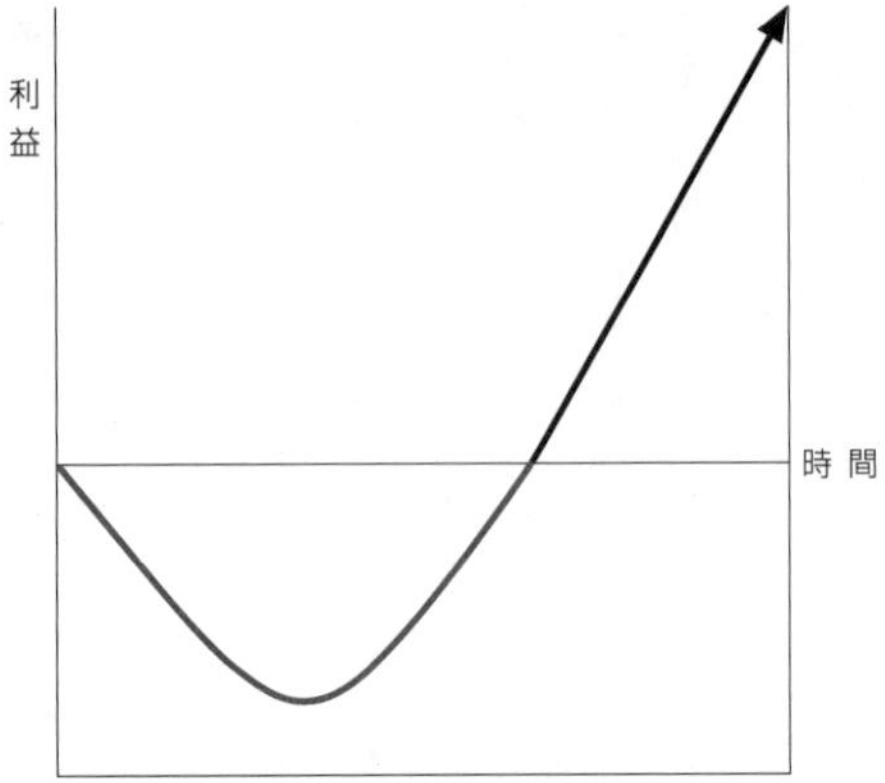

出典：スタートアップとは？ベンチャーとの違いを解説【図解あり】（東大IPC）

事業を開拓する必要があります。要するに、商品・サービスの開発を通じてイノベーションを起こす必要があり、これを成し遂げられるファウンダーやエンジニアが求められているのです。

スタートアップは、「Jカーブ」と呼ばれる成長曲線を描く点も特徴的です。Jカーブの成長曲線は、「事業開始後の数年間は赤字であるものの、その後に短期間で急成長を果たして、黒字転換によって累積損失を回収する」というスタートアップの特徴を示しています（筆者注：**図表33**）。

スタートアップと似た組織に、ベンチャーが挙げられます。両者は「新しい商品・サービス・事業を展開する点」や「経営規模が小さく、中小企業に含まれる」点などは共通しており、しばしば同じような意味・シーンで用いられています。

そもそもベンチャーとは、新しい商品・サービス・事業を展開しつつ、規模の大きい企業では実現しにくいフットワークの軽い経営を行う企業のことです。そのほか、スモールビジネスを手掛ける新しい企業も、ベンチャーに含まれます。ベンチャーでは、すでにある程度は市場で受け入れられるだろうという確信が得られている事業を、既存のビジネスモデルをベースに展開し、安定した収益を図ります。また、着実な成長が目的に掲げられるため、バランスの取れた組織運営やスタッフの成長、ゆとりのある社内プロセスの構築などが図られる点も特徴的です。

これに対して、スタートアップとは、イノベーションを通じて人々の生活や社会を変革するために立ち上げられる組織のことです。ベンチャーとは違い、スタートアップでは新しい商品・サービス・事業を展開するだけでなく、これらを通じて社会変革を目指すという特徴があります。

また、着実な成長を目的に掲げるベンチャーとは違い、立ち上げ後のスタートアップは、短期間でイグジットを実施するために急速な成長を目指します。これを成し遂げるうえで、スタートアップでは創業者を含めて即戦力となるスタッフが必要不可欠となるでしょう。

以上のことから、「イノベーション」と「成長スピード」の2点が、スタートアップとベンチャーの相違点であるといえます。

出典：東大ＩＰＣ「スタートアップとは？ベンチャーとの違いを解説【図解あり】」

私たちはスタートアップ企業です。急成長に伴うリスクも勘案しながら、ミッションの実現に向けた経営判断・事業判断を積み重ねなければならないと自覚しています。その上で就労困難者と企業等が共に働き経済成長を実現する社会は、私が生きているうちに、いや、もっと早期に達成させられると強く信じています。社会課題の解決は早期に、集中的に実行することが望ましいことは明らかです。

全ての変革は、必ず段階を経ながら実現されるものです。新しいことに率先して参加する「イノベーター」から変化が生まれていきます。経営学の理論の一つであるイノベーター理論では、何でも新たなことに最初に参加する人は全体のおよそ2・5％と言われています

図表34 **イノベーター理論**

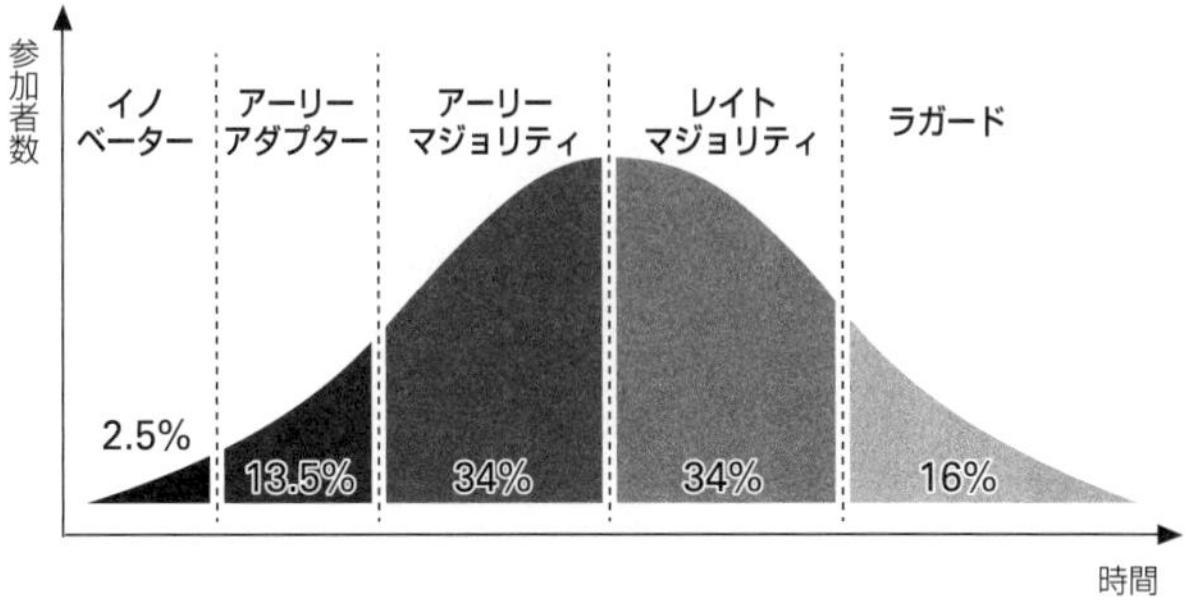

出典：著者作成

（図表34）。まずはこのイノベーター層と共に変革へと着手し、挑戦します。その姿と進化に連なり、アーリーアダプター↓アーリーマジョリティ↓レイトマジョリティ↓ラガードへと徐々に浸透し、社会は変革を遂げていきます。

この理論に従って就労困難者ゼロ社会を実現するには、まずは巨大なポテンシャルを有する就労継続支援事業所がもつ価値が最大化される状態を目指す必要があると考えます。先行して市場の16%（イノベーター＋アーリーアダプター）に変革・進化が生まれれば、国内の就労支援業界は加速的に良質な成長を遂げていくと予測しています。

この状態を、もし外部からの資金調達を行わず、自社による自力収益のみで実現しようとした場合、最速でも約25年かかると試算しています（毎年最

図表35 **VALT JAPANのJカーブ**

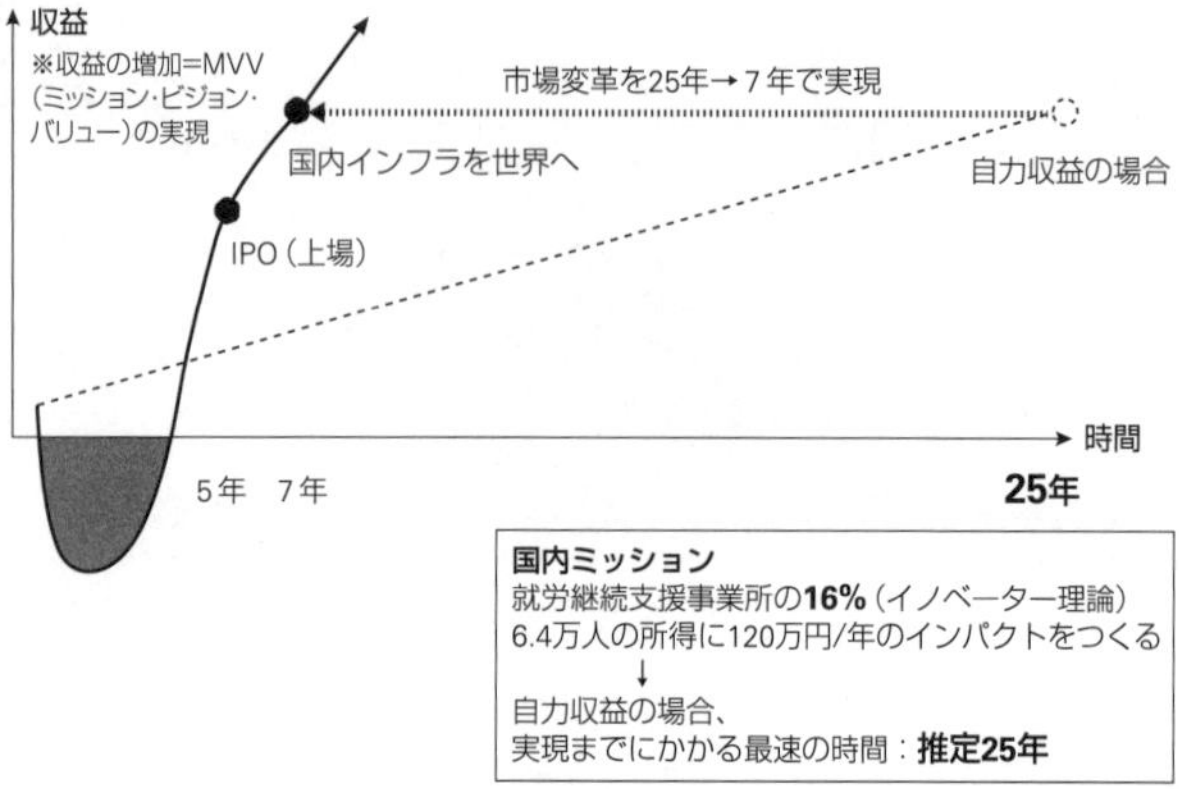

出典：著者作成

良の事業成果をあげ続けた場合）。

ここで大事なのは、長い期間・時間をかけなければ解決しない課題であるかどうか、あるいは時間をかけるからこそ解決するという論理が成立するかどうかです。これまでに就労支援業界が立ち向かってきた課題と経緯をふまえると、時間だけではなく仕組み化も重要であると考えられ、経済セクターを含めた労働市場の構造そのもの（仕組み）を変えることができれば、25年を7年に短縮することが実現可能であると私たちは考えています（**図表35**）。

従って、外部からの資金調達を実施し、人的資本・事業成長に積極的かつ集中的に投資を行うことで（一定期間、計画的に赤字を掘り続けることになります）前述の「Jカーブ」を描き、就労困難者ゼロ社会に向けたイノベーションを実現することができる。私たちはそう信じて、全社・ステークホルダーと共に挑戦し続けています。

就労困難という社会課題。そこから壁を一枚隔《へだ》てたすぐ隣の経済市場では、日々数多くの仕事が流通し、また新しい仕事も生まれ続けています。この分厚くて大きな壁は、構造を変えれば貫通できます。そして私は、就労困難者に仕事を流通させる巨大な流通経路をつくり上げることができると信じています。20年、30年、40年かけなければならない話ではありません。次世代ではなく現世代で必ず実現できます。

ただ当然ながら、これは私たち一社だけでは実現しません。官公庁や自治体との連携、企業との連携、大学や研究機関との連携、社会との連携、就労支援業界との連携、そして当事者との連携によるプラットフォームモデルが動き出せば、この問題は着実に解決できると確信しています。これが総力でつくるインフラです。

ＮＰＯの大きな力

現在日本において、就労困難者に最も接しているのはＮＰＯ等の支援組織・団体の支援員さんです。現場には、非常に優秀な支援者がたくさんいます。支援に対する明確な意志があり、自分たちの支援能力の向上に貪欲で、新しい知識や新しい支援に関するインプットも積極的に行う方々が多く、ＮＰＯの存在意義は大きいです。

今後の社会的ミッションは、経済セクターからの仕事の流通や新しい活躍機会の創出です。構造を進化させる仕組みをつくるために、ＮＰＯを含めた非営利セクターと総力体制で挑戦し、社会インフラをつくる必要があります。そのためには、圧倒的な資金が必要です。

本書で示している社会インフラを実現するための中期マイルストーン（目標地点）の達成に必要な資金は、現時点の試算で少なく見積もっても１００億円（年間20億円×５年）程度になると考えています。私が就労困難領域の社会課題に取り組もうと思った時、目の前の社会課題解決には圧倒的な資金が必要であると判断しました。

社会インフラをつくることとは、並大抵のことではありません。47都道府県、北海道から沖縄まで全てにネットワークを通してこそ、インフラといえます。その過程には大きな資本が必要であり、さらに重要なことは、このミッションに共感し、挑戦し続けられる人的資本が必要不可欠だということです。

ＩＰＯ（株式上場）を選択する理由

ＩＰＯ（Initial Public Offering）とは、未上場企業が株式を証券取引所に新規上場させることを指します。これにより、上場時はもちろんのこと、その後も必要なタイミングで大きな資金を調達することが可能となります。ＩＰＯのためには当然厳しい審査があるのですが、それを通過することで「上場企業」としての信頼を獲得できます。採用という「人」の拡大にもつながるでしょう。あらゆる面で、社会インフラを実現させるための強力な方法といえます。

当然、ＩＰＯにはデメリットもあるので、それを考慮してあえてそこを目指さない企業もあります。株価を上げるという大きな期待とプレッシャーが株主からかかりますし、それによって長期的な視座に立つことが難しくなる場合もあります。また、透明性の高い体制をつくるのには当然、コストも時間も必要です。従って、経営者はこれらのメリット・デメリットと自社の目的を見定めながらIPOを目指すか否か決めるのです。

ではなぜ、私たちにはIPOという手段が必要なのか。就労困難者ゼロ社会を実現するためには段階的な戦略と成果の積み重ねが求められ、その過程において資金と人的資本（事業・組織をつくり、広げる人材）の獲得を加速できれば、労働市場の構造を早期に進化させることが可能だからです。繰り返しますが、国内でのミッションを25年ではなく7年で実現させるためにも必要不可欠な選択だと考えています。

上場前から上場後も含め、株式公開市場で事業を行う企業は透明性の高い情報公開が求められます。私たちの事業と戦略は公益性の高い領域なのです。だからこそ、どのように収益を生み、その収益をどの領域に投資しているのか。その収益や投資は客観的に合理的かつ健全であるといえるのか。常に説明責任が義務づけられる環境でインフラづくりに挑戦する必要があると考えています。

また、上場市場においてはESG経営が注目され、財務情報のみならず非財務情報も同時に開示することが年々普遍的になりつつあるわけですが、とりわけ私たちも当然のように、世界基準を突破する経営と事業活動を追求し続けなければならない使命があると考えています。

私たちはミッションを実現させるために集まった集団です。先ほども述べたように、日本の就労支援現場にはＮＰＯ等の非営利セクターなど、有能な支援員をはじめとする力強いプレイヤーがたくさんいます。だからこそ私たちは、現場を知り、顧客の声を聞き、就労困難者の声を聞くことに徹し続けながらも、全てのプレイヤーの能力、特性、その対価が最大化される、労働市場の構造をつくる社会インフラづくりに全力投球する。そう意思決定したのです。インフラづくりに振り切ることによって、最終的には互いの点と点がつながって線になると信じています。

経済セクターの大変革期と地球規模のイノベーション

ＥＳＧという言葉にもここで触れておきます。社会課題解決型のスタートアップであれば、この領域は当然ながら熟知し、かつ実行しなければなりません。

ＥＳＧ投資とは、企業の「環境」（Environment）、「社会」（Social）、「ガバナンス」（Governance）に関する取り組みを大きな判断材料として投資することです。一般的な投資では企業の業績や財務状況をもとに投資の判断を下しますが、ＥＳＧ投資においてはそれだけでなく先にあげた「非財務情報」を重視する点が特徴です。環境への負荷が小さな製品開発や、社員やパートナーの多様な働き方の促進、外部への高い情報透明性などが要素にあげられるでしょう。すなわち、ただ大きな利益をあげていたり、財務が安定しているだけでは評価されないのです。

ＥＳＧはしばしばＳＤＧｓと混同されますが、前者は民間企業の経営や投資家の投資における概念であり、後者は国連や国家が主体的に取り組む目標です。

新型コロナウイルスを機に、深刻な社会課題を世界中で経験した地球。人類は今もなお、肉眼では確認できない敵と戦っているわけです。しかしこれはある意味で、持続可能性の高い仕組みがいかに重要かを知らしめることにもなりました。

リーマン・ショック後は世界各地で経費削減、人員削減の波が生じました。しかし新型コロナによるパンデミックでは（もちろん職を失う人も大勢いましたが）リーマン・ショックほどの勢いでコスト削減に走ることはせず、例えばカーボンニュートラルのような長期的な課題に向かう流れが生まれてきました。持続可能性の重要性は誰もが知ることになり、ＥＳＧ投資も止まることなく加速していったのです。

こうした流れを受け、私たちの取り組みをより一層評価していただく機会が増えています。

人材不足を補うためだけでなく、自社事業のサプライチェーンに組み入れることによりオペレーションや労働環境の改善が加速することや、従業員によるサステナビリティへの理解が深まるなどと評価をいただいています。ある発注企業からは自社の発注のみならず、自社の顧客企業にも紹介したいと評されることも増えてきました。

かつて「ビジネス」と「サステナビリティ」の両立は「きれいごと」と思われていました。しかし現在は違います。これらの両立は、経済性と社会性を追求しながら市場競争力や技術革新を加速させることなどといった、未来への成長に必要不可欠な「人的資本と資金」を集めるための重要戦略としても位置付けられています。

こうした世界的な時流からも、潜在的な活躍人材である就労困難者を事業のサプライチェーンに適切な形で取り入れ、多様な価値観、能力を連動させながら社会に新しい価値を生み出すモデルが今後も益々注目されると信じています。社会インパクトは必ず連鎖的に拡大します。地球規模でイノベーションを生み出しましょう。

第8章

インクルーシブ雇用2.0

この章では、経済セクターと就労困難者セクターが共に働くインクルーシブモデルが生みだす社会的・経済的なインパクトについて解説します。また、その流れを加速させるカギを握るインパクト投資やテクノロジーについても、就労困難者という社会課題の解決へいかに寄与するかを含めてお話ししたいと思います。

70兆円市場の「インパクト投資」

「稼いだ後に社会貢献をしよう」ではなく、事業活動・経済活動を通じて社会課題を同時に解決することが世界標準になる時代に突入しました。ここでは、地球規模で抱える深刻な社会課題を、事業を通じて解決することを加速化させる一つの手段となる「インパクト投資」について解説したいと思います（図表36）。

耳慣れない言葉だと思いますが、インパクト投資とは、財務的な見返りだけでなく、世の中に社会的・環境的な影響を与えることを目的にした投資行動のことです。インパクト投資はあくまで、「リスク」と「リターン」が存在する「投資」であり、寄付や補助金などとは明確に違います。リスクとリターンを残したまま、文字通り「インパクト」を求めるのです。

この「インパクト」とは、短期・長期を問わず社会に対して影響や変化を与えることを指しています。

何となく想像がつくかもしれませんが、インパクト投資とＥＳＧ投資の関係性は深いです。なぜならＥＳＧ投資もまた財務情報だけでなく、非財務の情報も考慮した投資であるからです。

ただし、厳密にいえば両者はやや異なる概念です。インパクト投資は財務的なリターンと社会的インパクトを同時に求めます。一方でＥＳＧ投資は、投資先の企業がＥＳＧモデルを体現することで長期的な利益を獲得し、そこからのリターンを得るようなイメージです。

図表36の左端にある一般的な「投資」と、右端にある「寄付」との間に、社会課題解決を新たなビジネス領域として捉える「インパクト投資」があります。昨今、このインパクト投資と呼ばれる手法が拡大・注目され、経済性と社会性の両方を実現している企業や団体に投資家が資金を通じて力を合わせていく時代が加速しています。

２０２０年にアニュアル・インパクト・インベスター・サーベイが出した「世界のインパクト投資残高推移」によると、２０１６年から２０２０年まで世界インパクト投資残高は年々右肩に上がっており、これから投資するという資金が70兆円以上あります。日本国内だ

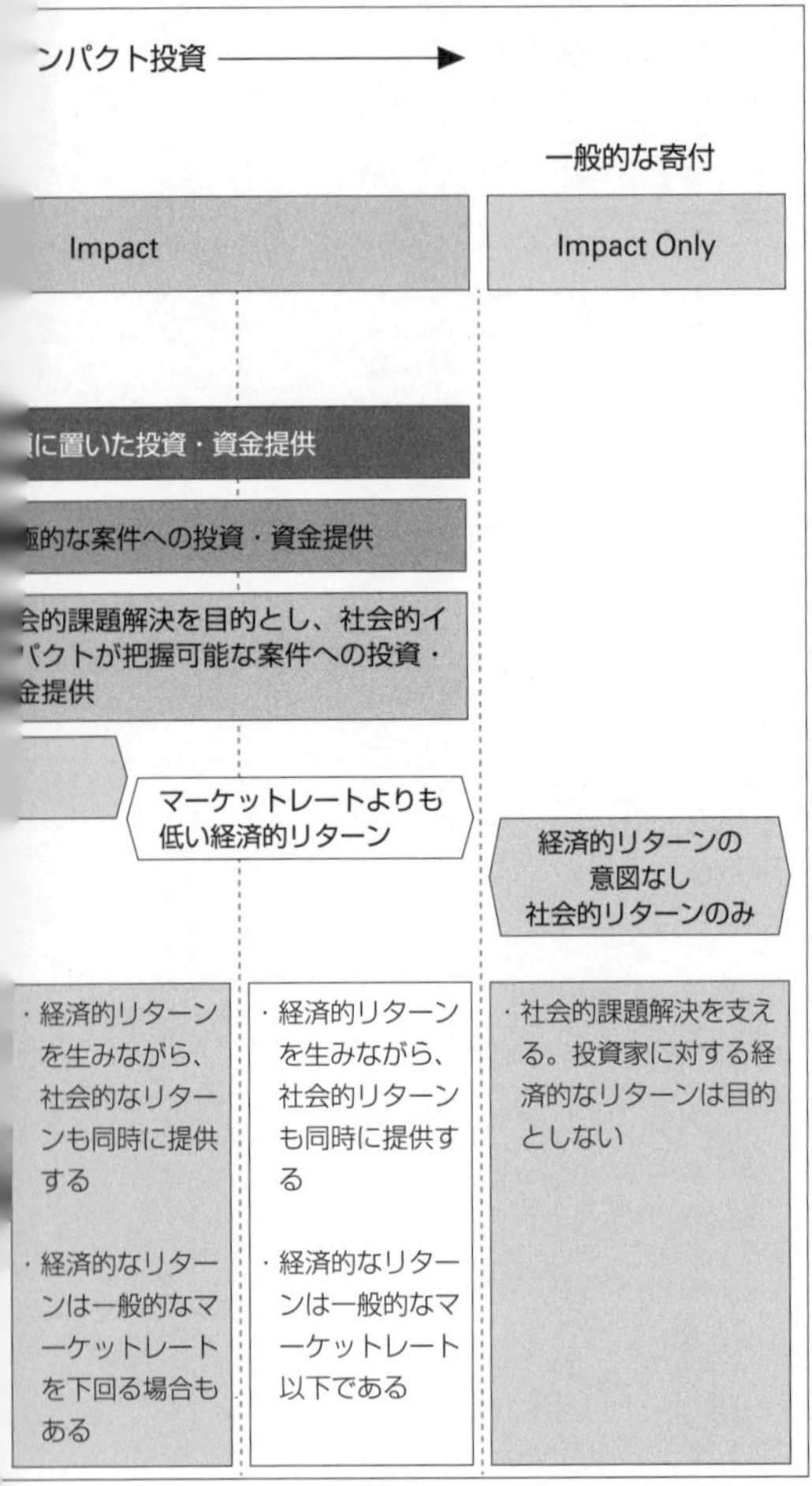

ンパクト投資
一般的な寄付
Impact
Impact Only
に置いた投資・資金提供
的な案件への投資・資金提供
会的課題解決を目的とし、社会的イ
パクトが把握可能な案件への投資・
金提供
マーケットレートよりも
低い経済的リターン
経済的リターンの
意図なし
社会的リターンのみ
・経済的リターンを生みながら、社会的なリターンも同時に提供する
・経済的なリターンは一般的なマーケットレートを下回る場合もある
・経済的リターンを生みながら、社会的リターンも同時に提供する
・経済的なリターンは一般的なマーケットレート以下である
・社会的課題解決を支える。投資家に対する経済的なリターンは目的としない

図表36　インパクト投資のイメージ

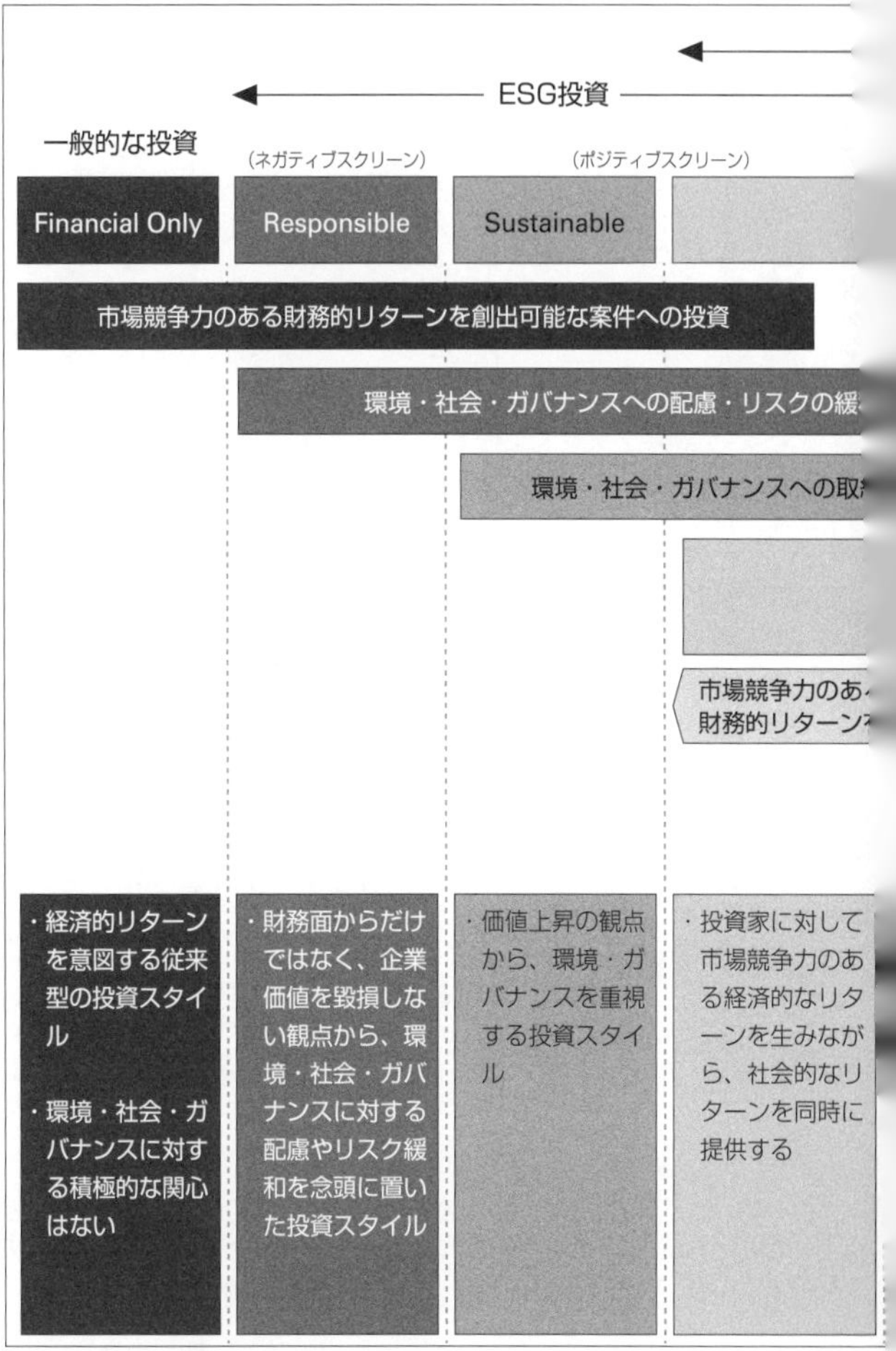

出典：インパクト投資拡大に向けた提言書2019（GSG国内諮問委員会）

けで見ても１・３兆円超です。世界と比するとまだまだ足りませんが、大事なのは日本国内においてもこれから投資される資金が１兆円以上あるということです（図表37）。

従来の一般的な投資領域では、経済性におけるリスクとリターンが投資判断のベースとなっていますが、インパクト投資の世界では、社会性におけるリスクとリターンがこれに加わります。ＥＳＧ投資とは異なり、どのような社会課題をターゲットにおくかどうかは詳細には定義されていません。重要なことはその社会課題を解決する事業活動により、どのようなインパクトがあるかどうかを、定性かつ定量的に証明することです。

インパクト投資の世界では、これらを証明する手法にロジックモデルがあります。ロジックモデルとは、事業を成功に導くまでの流れを体系化した、設計図のようなものです。事業を構成する次の要素を、ツリーのように矢印でつなげていきます（図表38）。

・インプット（人・モノ・カネなどの資源を投入すること）
・アクティビティ（投入された資源をもとにする「活動」のこと）
・アウトプット（活動がもたらす「結果」のこと）
・アウトカム（結果を通じて得られる「成果」のこと）

図表37　インパクト投資の残高推移

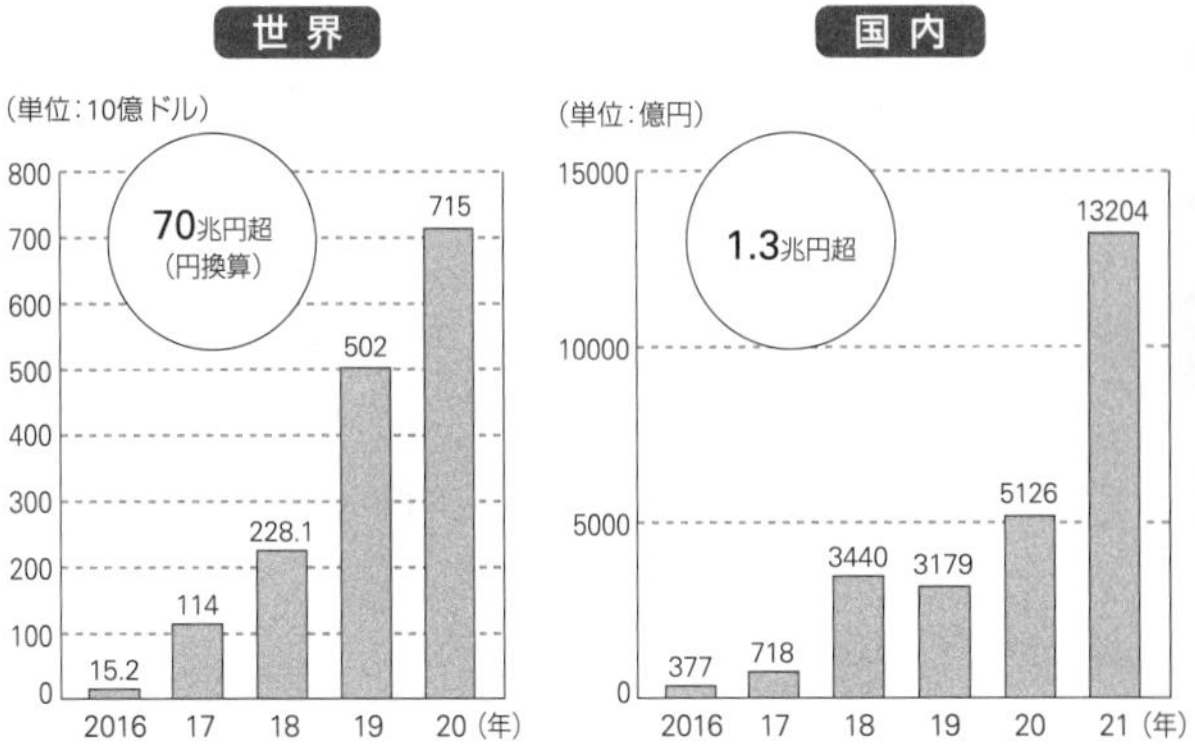

出典：2020 Annual Impact Investor Survay (Global Impact Investing Network)
日本におけるインパクト投資の現状と課題-2020年度調査
（GSG国内諮問委員会、2021/4/6）、一般財団法人社会変革推進財団（SIIF）発行/GSG国内諮問委員会監督「日本におけるインパクト投資の現状と課題」報告書（2016年度〜2021年度）

企業に就職されていないけれど働く意志や能力を持つ方々が、企業等と共に働き活躍し合う社会は、短期・中期・長期という段階を経ながら実現されます。長期アウトカムの実現を目指す過程において、突破しなければならない課題がたくさんあります。これらの課題は通常「点と点」で見られることが多いですが、ロジックモデルを活用することによりその課題は線でつながり、社会課題は連鎖的に解決できるものであることがわかるわけです。

図に示されるそれぞれの課題は一つひとつ大きい項目ではありますが、ブレイ

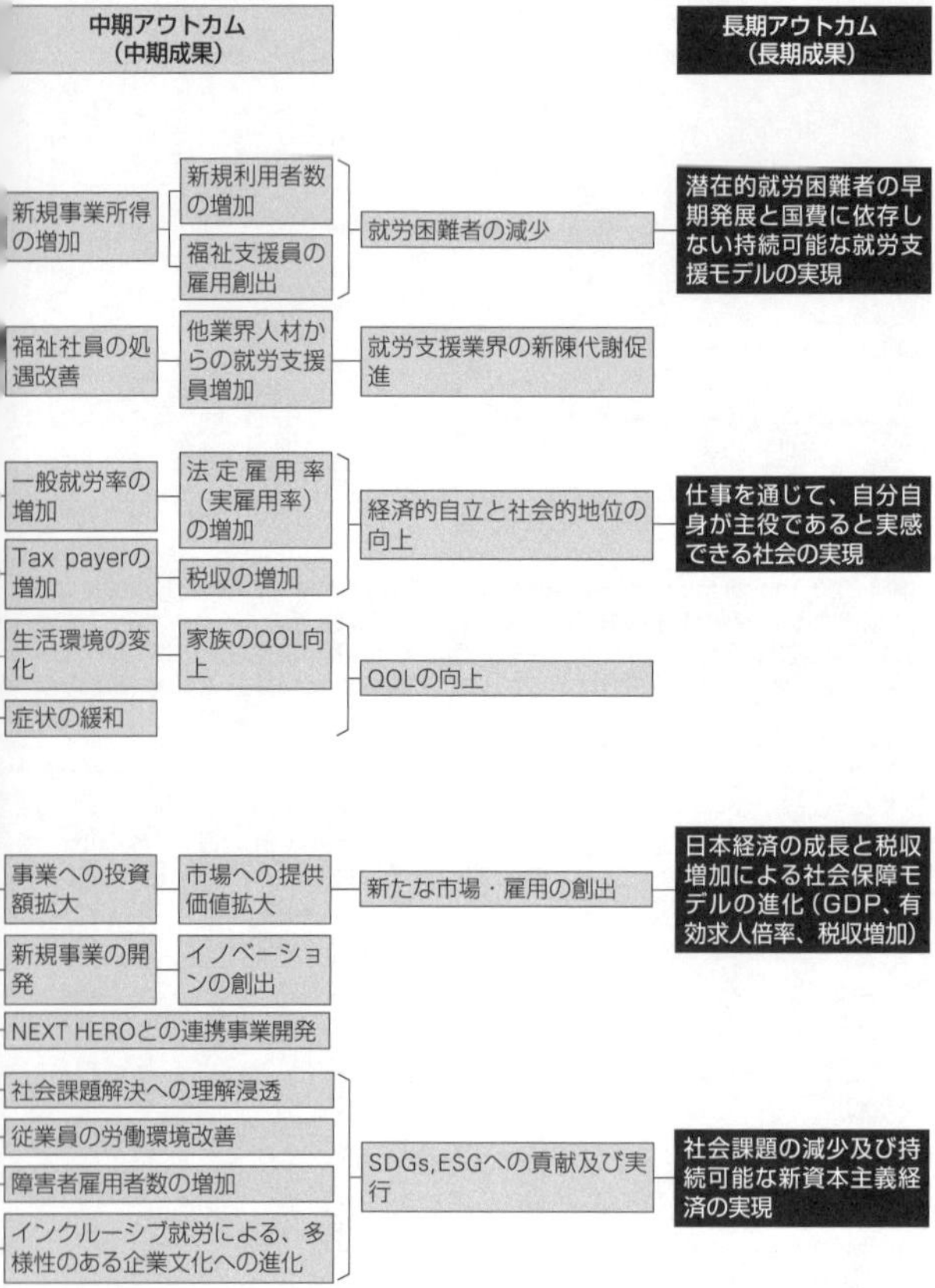

中期アウトカム
（中期成果）
長期アウトカム
（長期成果）
新規事業所得の増加
新規利用者数の増加
福祉支援員の雇用創出
就労困難者の減少
潜在的就労困難者の早期発展と国費に依存しない持続可能な就労支援モデルの実現
福祉社員の処遇改善
他業界人材からの就労支援員増加
就労支援業界の新陳代謝促進
一般就労率の増加
法定雇用率（実雇用率）の増加
Tax payerの増加
税収の増加
経済的自立と社会的地位の向上
仕事を通じて、自分自身が主役であると実感できる社会の実現
生活環境の変化
家族のQOL向上
症状の緩和
QOLの向上
事業への投資額拡大
市場への提供価値拡大
新たな市場・雇用の創出
日本経済の成長と税収増加による社会保障モデルの進化（GDP、有効求人倍率、税収増加）
新規事業の開発
イノベーションの創出
NEXT HEROとの連携事業開発
社会課題解決への理解浸透
従業員の労働環境改善
障害者雇用者数の増加
インクルーシブ就労による、多様性のある企業文化への進化
SDGs,ESGへの貢献及び実行
社会課題の減少及び持続可能な新資本主義経済の実現

図表38　ロジックモデルのイメージ

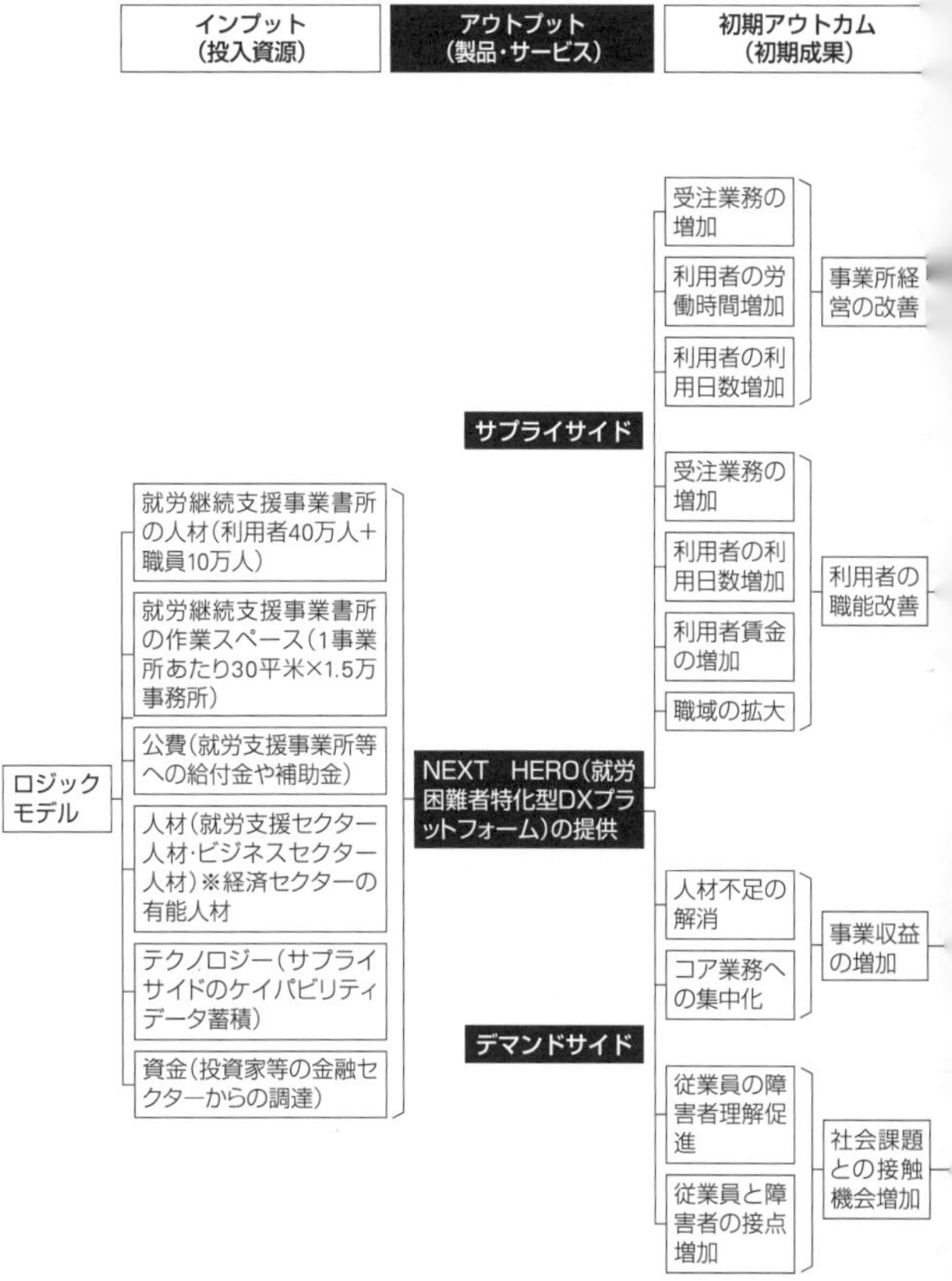

出典：著者作成

クダウンするとその課題解決に必要なアクションが見えてきます。さらには、解決を推進する人材要件・必要な資金も見えてきます。社会課題は想い一つでは解決できません。仮説と実行を高速で回しながら、小さなアウトカムを生み、育て、大きなインパクトへと拡大させていくことが不可欠です。

このように、いま日本を含め世界中で、社会性と経済性の両輪を回す企業や団体への期待が高まっています。社会課題領域に資金と人材を集め、社会へインパクトを創出する。就労困難者が仕事を通じて自己実現を叶え、かつ社会に対して新たな経済価値を生み出すサイクルを生むことができれば、日本、そして世界はもっと良くなっていくでしょう。

インクルーシブ雇用1.0→2.0

前述の通り、日本を含めて世界中で社会課題解決へのコミットメントと実行が加速しています。就労困難者と企業等の協働モデルをはじめ、労働市場の構造をアップデートさせる大変革を進めるにあたり、ＥＳＧ投資・インパクト投資の流れを私たちの事業領域にも引き寄せ、巻き込めるかが重要です。

図表7　障害者雇用の歩み

1964～1965年	1976年	1987年	～2007年	～2013年	～2018年	～2022年
太陽の家創設	身体障害者雇用促進法の改正 →雇用義務制度確立（法定雇用率1.5%） →障害者雇用納付金制度創設	身体障害者雇用促進法の改正 →知的障害・精神障害も対象範囲拡大 →特例子会社制度法制化	障害者自立支援法の制定 →雇用と福祉就労の連携を重視 →就労支援A型・B型等の福祉的就労が再編	障害者差別禁止、合理的配慮規定の導入 精神障害者の雇用義務化 障害者優先調達推進法施行	中央省庁等による障害者雇用不適切計上問題 →特別給付金制度 →もにす認定制度（中小事業者）	法定雇用率2.3% 大阪府ユニバーサル就労 東京都ソーシャルファーム 短時間精神障害者の特例カウント

出典：著者作成

第1章でも図示した通り、障害者等の雇用は、法制度の進化と先人のリーダーシップにより切り開かれ、推進されてきました**（図表7）**。まさに「0→1（ゼロイチ）」です。これを本書では、インクルーシブ雇用1.0と呼ぶこととします。

インクルーシブ雇用1.0とは、日本が築き上げてきた、障害者雇用における絶対的な基盤です。1976年から始まった企業等による障害者雇用を促進する法制度とその取り組みがそれにあたります。このベースがあるからこそ、現代の障害者雇用における基礎が今でも強固に存在しているわけです。

また、2000年代後半からは福祉的就労も重視されることとなり、企業で働くことのみならず、福祉的な支援を受けながら就労を通じて自己実現ができる選択肢がまた一つ増加しました。これにより、就労を希望する多くの方々にさらなる機会が創出されたのです。

ここに加わる新しい潮流が、インクルーシブ雇用2.0です。本書ではインクルーシブ雇用2.0を次のように定義します。

資金・人的資本・データが持つ力を戦略的に取り込み、共に働き、新たな価値を創出すること

そこにあるのは、これまでの日本の障害者等の雇用制度やその取り組みを基盤としながら、企業等や障害者等がその基盤を活用しながらも超越し、仕事における多様な関係を構築しながら、新たな活躍機会と社会価値を創出する姿です。その姿やあり方を、主に四つの軸でまとめると次の通りになります（図表39）。

・対象者領域の超越：障害者手帳の有無にかかわらない、企業雇用の創出（ソーシャルファーム等）
・雇用関係有無の超越：直接雇用の有無にかかわらず、企業と就労困難者が共に働く機会

図表39　**インクルーシブ雇用1.0から2.0へ**

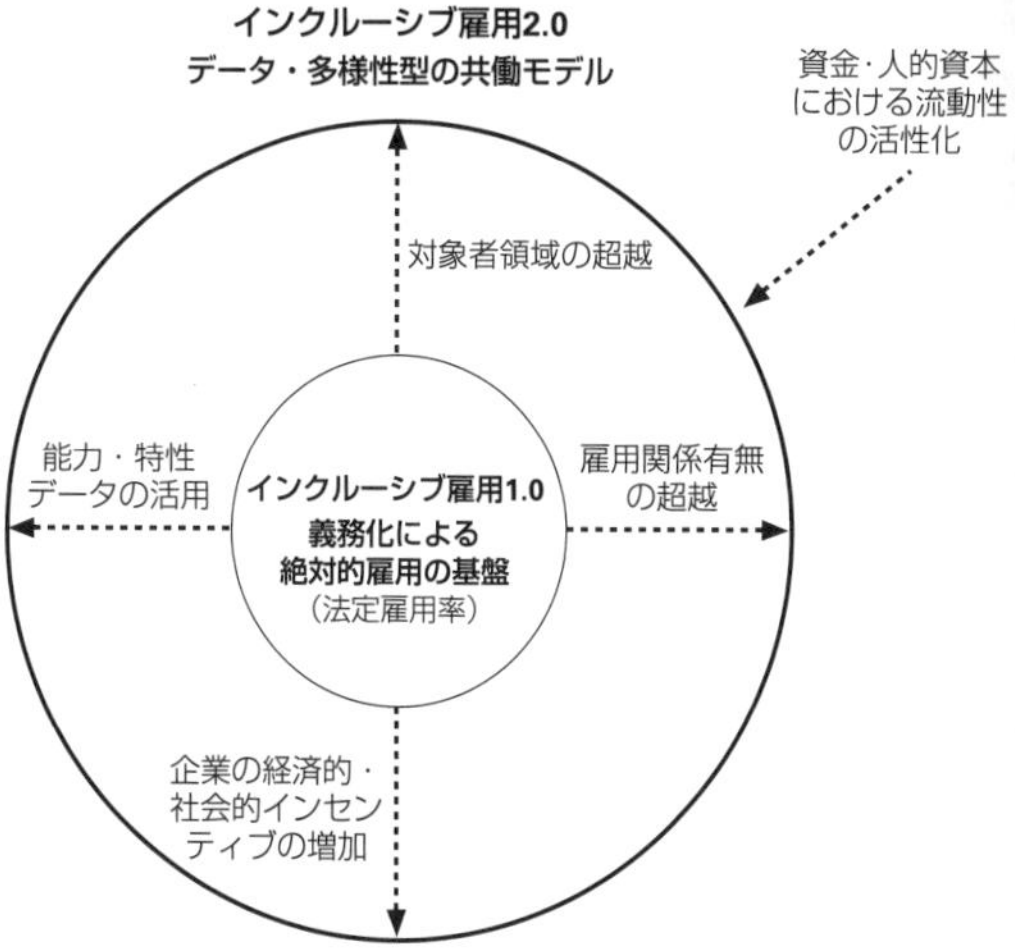

出典：著者作成

の創出（協働モデル）

・企業の経済的・社会的インセンティブの増加：義務的雇用から戦力的雇用へシフトし、よりよい事業価値の創出やサプライチェーンの健全化（労働環境の改善含む）を加速

・能力・特性データの活用：データテクノロジーを活用し、企業等も労働需要と就労困難者の能力・特性双方のビッグデータを蓄積活用し、共に働く新たな活躍機会を創出

・資金・人的資本における流動性の活性化：投資家等の外的資本を戦略的に取り入れ、かつ成長産業や専門性の高い業界業種における経験豊富な専門人材が就労支援業界へ流動し、活性化させる

インクルーシブ雇用が実現する未来（再掲）

①　障害の有無にかかわらず、共に働く仕組みがある

②　法定雇用率のみならず、雇用関係の有無にかかわらない多様な協働方法が評価されている

③　障害者が仕事における経験を積み上げる仕組み（キャリアの積み上げ）から排除されない

④　主に生活している地域で就労機会が与えられる

⑤「合理的配慮」が提供されている
⑥就労環境以外で、障害の有無にかかわらない人的交流ができる機会を増やしていく（協働関係人口の底上げ）
⑦収入を増加させたい意志に、合理的な範囲で応えられる選択肢がある
⑧共に働くことを追求しつつ、就労支援事業所や相談支援事業所といった場を用意する必要がある
⑨夢を持つことが賞賛され、またその夢を実現するために必要なロードマップが描かれる環境が用意されている
⑩障害の有無にかかわらず、経済合理性と社会性の二つの軸で物事を思考する教育が提供されている

企業のサプライチェーンがアップデートし、企業等と就労困難者が互いに自己成長していくことで経済成長を実現する化学反応が生まれます。偏見や属人的な手法ではなく、専門性を持つ有能な人材が就労支援業界へ流動する仕組みと合わせ、データにもとづく、いわゆるデータドリブンにマッチングが行われることもインクルーシブ雇用2.0において重要な点です。

法定雇用率という「守り」がベースとなることで、インクルーシブ雇用2.0という「攻め」に迷わず挑戦できます。既存の制度を基盤にし、企業や障害者等の需要変化と時代変化に対応したマーケットインから生まれる新たな世界です。

ソーシャルインパクトスケール（社会的影響指標）を設定する理由

今後の投資活動には、収益的なリターンのみならず経済成長と社会課題解決の両立を実現する「ソーシャルインパクト」の考え方が大切になります。ＥＳＧやＳＤＧｓを含め、すでに世界中で数多くの計画・戦略・実行が加速しています。

私たちのミッションにも、社会課題に対するアウトカム（成果）の設定が重要です。非財務情報を見える化させ、妥協なくアウトカムにコミットし、圧倒的な実行と改善を推進するスタートアップ集団であり続ける。これも、私たちの使命です。

社会課題を解決するスタートアップとして、私たちはこのアウトカムを「ソーシャルインパクトスケール（社会的影響指標）」と称し、短期的なアウトカムと長期的なアウトカムを目標設定し、誰もが仕事を通じて喜び合い、共感しあえる社会づくりに挑戦しています。その目標とは次の通りです。

サプライサイド（就労支援事業所や障害者等の就労困難者セクター）

①　1・6万円→13万円（B型平均工賃 約8倍増加）

現状、月間平均工賃は約１・６万円です。就労・賃金を望む全ての障害等のある方が、最低生活補償を基準とする13万円を自立的に得られる社会をつくります。その過程において、障害年金等の受給有無にかかわらず、補助制度や給付金制度等の制度設計と並走させ、３万円～７万円程度まで引き上げる中間目標も必要でしょう。就労への意志のある方々が、仕事を通じて自立的な生活を送る社会をつくるためにも、強固なインフラを構築できれば、その上には多様な働き方や生き方の選択肢がより拡充されます。

②　5・6%→10・0%（A型から企業への一般就労率）

現状の就労継続支援A型事業所から企業への就職率は約５・６%です。これを約２倍の10・０%の水準まで引き上げることができれば、５年間で約２・５万人の就職者が生まれます。これは、従業員１００人未満の企業の実雇用率が１００%になった場合と同等の人数です。新たな仕事や企業とのつながりにより支援方法も多様化され、結果、当事者一人ひとりの意志に基づいた選択がしやすい世の中になると考えます。

③　＋30％（支援員の労働環境改善率）

支援員の方々は多忙です。紙媒体を中心としたサービス利用実績・日報等の記録・保管や、案件進捗管理など、ノンデジタルなバックオフィス業務をはじめ、一人ひとりへの個別的就労支援や関係機関との連携など、数多くの業務には効率化可能な領域がたくさんあります。全体の30％程度、時間にして１日あたり２・５時間分程度の業務はデジタル化を通じて十分改善できます。現場で活躍されている支援員の労働環境の改善により、生産性の向上や、専門的支援技術への教育投資等が見込めます。支援員の働きやすさや処遇等が向上することで、結果、当事者のＱＯＬ向上につながると考えます。

デマンドサイド（企業・自治体の発注サイド）

①　48・0％→70・0％（法定雇用率達成割合）

雇用義務のある企業のうち、雇用率達成企業の割合は約50％。現行よりも20％増加させることができれば、約15万人の雇用が生まれます。その多くは従業員数43・５人～３００人未満の企業で生まれることから、企業規模問わず多様な人材が活躍する社会への力強い一歩となります。

②　３００億円／１万人（受発注総額からみる雇用換算数）

まずは「一緒に働く機会を底上げすること」が大切です。私たちは、企業から発注いただく業務を全国の障害等のあるワーカーへ流通させることでその機会をつくっています。流通総額が３００億円を超えた時、取引企業数は３５００社を超え、毎年約１０００名程度の新たな雇用が生まれるエコシステムが実現できます。

③　０・25→１・１（協働関係人口数）

障害や難病のある方が仕事を通じて直接的に関係を持つ人数は、現在約０・25人。仕事を通じて関わる人数が１・０人を超えたところに、インクルーシブな社会があると考えます。

解決までのアクションプラン

障害や難病のあるワーカーが仕事を通じて活躍し続けられる社会インフラをつくるためには、第一に新たな仕事の流通（経済圏）を創出することが必要です。官公需及び民需の市場と一緒に仕事をする機会を底上げした先には、一人ひとりの特性に最適化された多様な働き方、協働関係人口の増加が実現され、誰もが仕事を通じて自分自身が求められ、認め合い、喜びあえる社会が実現できます。

インクルーシブ雇用戦略「ＤＸ」→「ＳＸ」→「ＩＸ」

インクルーシブ雇用の実現には、第1章でも掲示した10の主要原則をベースとし、ＥＳＧ戦略に組み込み、社会に与えるインパクトを可視化し、社会課題をロジックモデルのツリーのように線で捉えて実行することが必要です。その結果、日本全体が抱える大きな課題が解決へと動き出します。

この章の最後に、就労困難者ゼロ社会を実現する上で重要な長期戦略である「ＤＸ（デジタル・トランスフォーメーション）」「ＳＸ（サステナブル・トランスフォーメーション）」「ＩＸ

（インクルーシブ・トランスフォーメーション）」についてお話しします（図表40）。

①　ＤＸ：能力や特性等のケイパビリティをデータ集積し、勝ち筋のある労働市場に新たな価値と活躍するフィールドをつくる

ＤＸという言葉をいたるところで耳にするようになりました。これは２００４年にスウェーデンのエリック・ストルターマン教授が提唱した次のような概念です。

> The digital transformation can be understood as the changes that the digital technology causes or influences in all aspects of human life.
>
> ――デジタル・トランスフォーメーションは人類の生活のあらゆる側面にデジタル技術が引き起こしたり影響を与えたりする変化のことである

この定義に従えば、今まで紙で行っていた作業をデジタルに置き換えることで効率を高めるような改善はＤＸとは呼びません。それは「デジタライゼーション」（デジタル化）です。

図表40 DX→SX→IXの変化

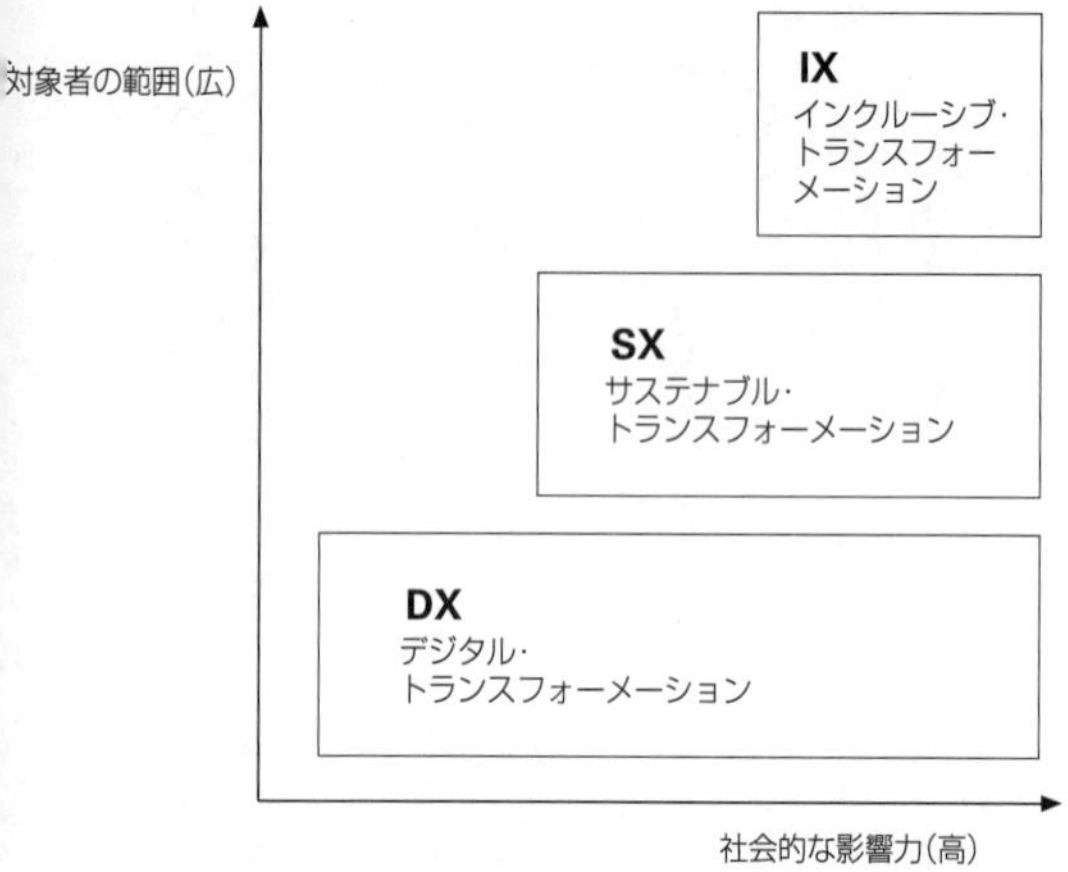

出典：著者作成

ＤＸはあくまで、私たちの生き方や働き方、ビジネスのあり方そのものを変えるような変革を指します。

例えば、ビッグデータを駆使したカーシェアリングにより車を所有する必要がなくなったり、オンライン会議が当たり前になって通勤が不要になったりする。このような変革はＤＸと呼ぶことができるでしょう。変化のための手段としてデジタルがあるわけです。ＤＸがどの企業でも「経営課題」として取り組まれている理由はここにあります。

就労困難者が持つ能力や特性、就労支援事業所がもつ供給力は、わかっているようで誰も精《せい》緻《ち》に把握できていないのが現状です。これらのケイパビリティが企業等や社会へ価値提供できるよう進化するためには、当該ケイパビリティを見える化し、データを通じて蓄積することから始まります。オンライン・オフラインで集積したこれらのデータに基づき、民間企業等が求める労働需要や新規事業開発等に応用・活用できれば、就労困難者が大活躍する機会が底上げされるだけでなく、企業等の事業活動そのものがサステナブルな姿へと進化します。仕事の流通が双方向で加速化し、ここに協働モデルが生まれます。ＤＸ戦略は、日本の労働市場を早期に変革させる一手となりうるのです。

②　ＳＸ：企業の経営戦略に、「稼ぐ力」と「社会課題を解決する力」を取り入れる。投資家を巻き込み、新たな社会づくりに挑戦する

経営戦略・事業戦略の一つとして、昨今ではＤＸだけではなくＳＸも注目されています。ＳＸは企業が稼ぐ力を維持するために、持続可能性を重視した経営へ転換を図ることを意味します。ＤＸよりも長期的な成長を視座に入れていることが特徴です（図表41）。

企業は当然ながら、長期的に成長することが求められます。また、サステナビリティが今

図表41　企業と社会のサステナビリティ

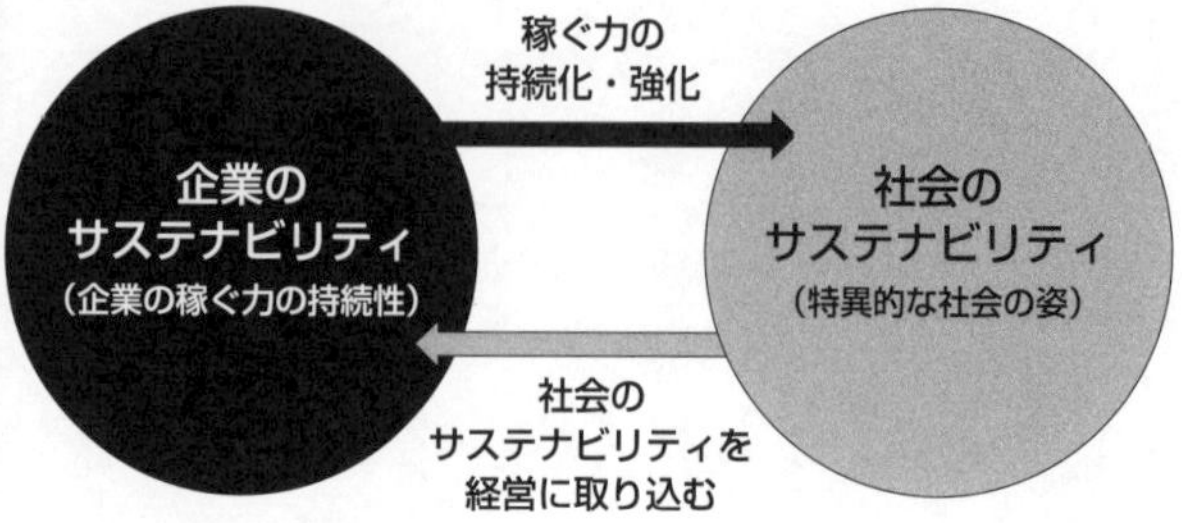

出典：著者作成

どれだけ重視されているかはこれまでにも述べた通りです。ＳＸを通じて、経済的な意味も含めて持続可能な組織となることが今後は必要となります。将来的には、サステナビリティはビジネスを行う上で「標準装備」されるものになるでしょう。

私たちの事業に絡めていえば、ＮＥＸＴ ＨＥＲＯを通じて企業の稼ぐ力を高める点と、社会の持続可能性を高める点がＳＸに連《つら》なる要素だと考えています。実際、発注企業からもＳＸの推進につながると評価いただいています。

企業の稼ぐ力とは、既存の価値を超越し、消費者や顧客などのステークホルダーに新たな価値を提供し続ける力です。そのためには、人的資本（ヒト）が大切です。一人ひとりの生産性をはじめとするパフォーマンスが最大化されることと、特定領域に集中することにより投資した分を上回る成果に期待ができ、ステークホルダーからより一層喜ばれる状態が生まれます。

障害者との雇用関係の有無にかかわらない「協働モデル」では、企業の業務プロセスの一部、すなわちサプライチェーンの一部を就労継続支援事業所や障害者等が担います。これに伴い、企業で働く従業員たちは自身の得意領域（コア領域）にリソースを注ぐことが可能となり、その結果、新しい成果を生み出すことができます。

また、協働モデルにより「テクノロジー×ヒト」で創出する新規事業開発も加速し、競争力の高い事業開発やサービスを社会にいち早く提供することにも期待できます。

また、サプライチェーンに私たちの仕組みを取り入れることにより、従来型のオペレーションをより生産性の高いものへと進化させることが可能です。障害等のある方でも、一定の訓練を行えば、習熟し、一任できるレベルまで必ず成長します。エンジニアやデザイナーなど専門性の高い人材でなければ本当にそのオペレーションは回らないのかといったような、経営サイドも交えたオペレーションを抜本的に見直す重要な機会が創出されます。

こうして仕事の流動性が活性化されると、仕事の受け手である就労困難者の経験値は積み上がり、所得も増加していくでしょう。

つまり協働モデルとは、同時に社会課題までもが解決されるモデルなのです。

ＥＳＧへの理解は今のところ、労働環境のネガティブリスクを開示するという文脈で進んでいます。ですが、私はそれにとどまるものではないと考えます。障害等のある方をサプライチェーンに取り込み、企業と障害者等の双方に事業成長と社会的価値のアウトカムを創出することができると信じています。ＥＳＧはマイナスをゼロにすることやリスクを最小化するという意味合いが強いのですが、トレードオン（ビジネスにより成長を最大化すること）にも十分期待できます。さらにインパクト投資の領域でも触れたように、社会課題の点と点を線でつなぐロジックモデルを実行すると、マイナスがゼロとなり、ゼロからプラスとなる革新的なバリューチェーンをつくり上げることができます。

③　ＩＸ：「もっと頑張りたい」意志のある方々が持つ多様な視点、価値観、能力が、企業等のあらゆる事業を拡張し、成長を加速化させ、日本そして世界の経済を進化させる

ＩＸとは、人類が持つ能力や特性が最適に連携・連動することにより、事業や経済活動に

おけるビジョン・ミッション・自己実現を叶える社会変革そのものを意味します。個々の企業や就労困難者による変革が、産業や社会全体が連動して生み出す価値にも影響し、社会に進化をもたらします。

現代においては、就労困難者セクターと経済セクターが交わる範囲は限定的ですが、その範囲を拡大させ、両セクターの全部分が仕事を通じて共に活躍する社会。それが、ＩＸの目指す先にある姿です。企業、就労困難者、自治体、国など、社会全体が実行する経済活動の中に、当たり前のように就労困難者が包括され、双方が大活躍する社会が実現します。

就労困難者かそうでないかにかかわらず、働く意志のある全ての人々には、一人ひとりにとって当然ながら「頑張ってみたいこと」「挑戦してみたいこと」「成し遂げたいこと」があるはずです。

もしかするとそれは、一時的なものかもしれません。しかし、それでも良いと思うのです。大事なことは、その意志を持った瞬間にすぐ実行できる環境や選択肢があるかどうかです。一人ひとりの能力や特性が、企業や地域、社会の中でフルに発揮されるためにも、さまざまな能力や特性を持った人たちがビジョンやミッションを実現するために補完し合える仕組みが必要です。それによって、自己実現は加速していくことでしょう。

第9章

就労困難者ゼロ社会

国産IXを世界モデルへ

日本で生まれるIXは、国内におけるインフラを超え、必ず世界のインフラへと進化します。第1章、第2章で世界各国の就労支援業界の現状を紹介しましたが、そこにも示されている通り世界中で課題は山積しています。職業訓練施設のみならず、就労や訓練を通じて収入が得られ、企業等への就職やその後の定着を一気通貫型で支援するための基盤が、不十分であることは否めません。一人ひとりの能力・特性データとマーケット需要との突合データを日本で最も多く蓄積し、アルゴリズム化できれば、インクルーシブ雇用を生み出すデータエンジンが完成します。

実現すれば、就労困難者と企業等による成長や国力の成長につながることを目的に、各国に必要なサービスが立ち上がっていくでしょう。やがてこれらの事業やサービスによって生まれるアウトカムにより、自然に人的資本が集まり、資金が集まり、拡大再生産されていきます。

全てのデータは人の経験値であり、一人ひとりの自己実現を支えるインフラであり、就労困難者を起こした「人類の資産」となります。日本が持つ就労支援の基盤を軸に、時代の変化と共に　IXを実現し加速することができれば、国産IXは世界へと展開できるのです。

ゼロを掲げなければ、ゼロにはならない

もしかすると、就労困難者をゼロにする、ゼロにできるという本書の主張に対して「そんなにうまくいくわけない」「少しは良くなるかもしれないけど、ゼロは無謀だ」と考える人がいるかもしれません。しかし、決してそんなことはありません。

2020年6月、経団連は「チャレンジ・ゼロ～イノベーションを通じた脱炭素社会へのチャレンジ」の開始を発表しました。気候変動対策の国際的な枠組みであるパリ協定が長期的なゴールと位置づける「脱炭素社会」の実現に向け、経団連と日本政府が連携し、企業・団体のイノベーションへの行動を国内外に発信し、後押しすることを率先するわけです。「チャレンジ・ゼロ」を推進し、各主体がイノベーションを競い合う「ゲームチェンジ」を起こすと共に、ESG投資の呼び込みや多様な連携を図り、パリ協定の掲げるネット・ゼロの早期実現を目指しています。

こうした気候変動への対応と同様に、就労困難者ゼロ社会を実現するためには、ゼロを目

指さなければなりません。戦略と戦術を描き、資金と人的資本を集め、優先順位を組みながら明確な意思決定と実行をし続ける必要があります。前述の「チャレンジ・ゼロ」のホームページ等では、経済を牽引するさまざまな企業の実行する取り組みが多数掲載されています。ゼロを掲げる目標設定に加えて、実行と改善のサイクルを回すことで、ゼロ社会の実現可能性は高まるのです。リスクを抱え、向き合いながら、リーダーシップを持ち、全産業・全就労困難者が活躍する仕組みをつくるために「最後までやり抜くこと」により、就労困難者ゼロ社会は実現できます。

Field of HEROES

社会という競技場（Field）で起きていることは、全て人類の進化です。

本書では、経済成長等を牽引する企業等の経済セクター、就労困難者セクター、官公庁・自治体等の公的セクターが共に働き、共に活躍し実現する、就労困難者ゼロ社会の実現を描くグランドデザインについてお話をしました。このビジョン、ミッションを実現するために必要なのは、一人ひとりが「自己ベスト」を更新することです。

企業セクターは、法定雇用率等といった法制度の有無にかかわらない障害者等との新たな協働モデルを通じて、企業側の理解を深めることと合わせて、「障害」というラベリングをせずに、真に当事者の能力や特性の可能性を新たな事業や経営戦略に取り込む「新しい一歩」を踏み出し、日本経済をリードしてほしいのです。

就労困難者セクターは、自身の能力や特性を自らが把握し、仕事を通じて自分自身が社会や世界に貢献できることを信じてほしい。誰かに必要とされる世界があることを信じ、そんな世界を共につくっていきたい。今後、活躍機会は必ず増えます。その時、「新しい自分と出会う」挑戦をしてほしいのです。

就労困難者だけではありません。これまでの固定観念から脱却し、社会全体、一人ひとりが「新しい自分と出会う」ことを楽しんでほしい。

たった一度きりの人生です。

地球、社会、自分。残されている時間は少ない。だからこそ、これから訪れる予測不能な未来へ不安を抱くことをやめる。自分と社会、企業と社会、互いを切り離すのではなく、双方の未来を一緒に、壮大に、描いてほしい。

馬鹿にされるかもしれない、失敗するかもしれない、挑戦しなければよかったと後悔するかもしれない。でも、大丈夫。私たちが暮らすここ日本には、世界には、挑戦を称賛し、力をあわせて未来づくりに伴走してくれる人たちが必ずいます。

自己ベストを更新し、新たな自分と出会おう。

そして、新しい経済と雇用を生み出し、インクルーシブ時代を加速させよう。

力を合わせれば、未来は必ず切り拓ける。

さあ、動こう。

おわりに

「ＶＡＬＴ　ＪＡＰＡＮでの仕事の経験を、履歴書に書いてもいいですか？」

ある一人の言葉によって、ＮＥＸＴ　ＨＥＲＯは生まれました。

創業して間もない頃、企業から初めて受注した仕事を、就労継続支援事業所に発注した時の話です。

その作業を担当した利用者の方たちと対面する機会がありました。

そこで、障害のあるＡさんが私に質問をしました。

「僕は将来就職をしたいと思っているのですが、履歴書にＶＡＬＴ ＪＡＰＡＮから提供してもらった仕事で、僕が作業し納品したことについて書いてもいいですか？」

Ａさんに依頼した仕事は、パワーポイントやエクセルデータの入力を数枚分でした。一般的に履歴書に書く内容とは思えません。しかし、彼のキャリアの中で、ＶＡＬＴ ＪＡＰＡＮからの仕事はそれまで経験したことがない、人生が変わるほどの強烈な体験になっていたそうです。Ａさんの真剣な眼差しと、またちょっと不安そうに、自信なさそうに話す雰囲気が、より言葉の真実味を増し、私はその意志に胸が熱くなりました。

ビジネスホテルのベッドメイキングは、空間づくりのプロフェッショナル。

同じ事業所で働いていた精神障害のあるＢさんも、実に大きな変貌を遂げていました。

彼はそれまで、お菓子の箱の組み立てや、梱包の作業をしていましたが、なぜかいつも機嫌が悪く、周囲に感情をぶつけることが多々ありました。支援員さんによると、Ｂさんはずっと体を動かす仕事を望んでいたといいます。そこで私はベッドメイキングの仕事に誘いました。ホテル清掃の中でも最も体力的にハードで、かつ繊細さが求められるのがベッドメイキングです。重いマットを持ち上げながらシーツを引く。シワ一つ許されない。他の清掃スタッフであってもそのハードさから中々続けられないほど、評価が厳しい仕事場です。

Bさんにシーツの掛け方や枕の整え方などを一通りレクチャーすると、初めは1時間かかっていた作業がどんどん短くなり、かつその完成度も日に日に磨かれていきました。ひと月もすると、まさに「職人技」と呼べるレベルに達していました。

Bさんが整えたベッドは、高級ホテルを思わせるものでした。真っ白なシーツ、ピンと立てられた枕。横になるのがもったいないと感じるほどの美しさです。

また、嬉しい副産物もありました。Bさんが以前より明るくなったというのです。Bさんがやりがいを感じられる仕事を得たことで、心が安定したと聞きました。

ある日、私が作業の様子を見にいくと、タオルを首に巻き、額の汗を拭《ぬぐ》いながら、高度な技術を活かしてベッドを整えるBさんの姿がありました。

その真剣な表情は、まさに、主役です。

障害者は社会のお荷物ではない。日本経済をつくり、支える、貴重な戦力だ。

AさんとBさんの仕事、技、意志をみて、私はNEXT HEROの可能性を確信し、人生をかけてこのモデルを日本、そして世界のインフラへと進化させると決心しました。

自分の人生、自分が主役。

顧客企業の皆さま、就労継続支援事業所の皆さま、在宅ワーカーの皆さま、自治体・官公庁の皆さま、業界団体の皆さま、ＳＮＳやメディアで応援してくださっている皆さま、パートナーさま、投資家さま、株主さま、そしてＶＡＬＴ ＪＡＰＡＮのみんなへ。就労困難者の大活躍時代をつくるべく、多大な力を合わせて共に未来へ走っていただき、本当にありがとうございます。皆さんと力を合わせれば、必ず国家級の社会課題を解決し、新たな未来をつくれると信じています。これからも、ご指導・ご鞭撻のほど、何卒よろしくお願い申し上げます。

そして、読者の皆さま。ここまで読んでいただき本当にありがとうございます。日本には私たち以外にも、社会を変えるスタートアップがたくさん存在し、それぞれの新しい未来づくりに日々挑戦しています。深刻な社会課題を、抑制ではなく抜本的に解決することを諦めない。そんな意志を持ち、日本そして世界をより良くするために挑戦しています。

本書を通じて、少しでもスタートアップ企業に興味を持っていただけたら、とても嬉しいです。

困難は突破できる。未来はつくれる。

みなさまの大活躍を願います。

２０２２年12月　小野貴也

小野貴也（おのたかなり）

1988年生まれ、大分県出身。製薬会社のMR従事中に、障害や難病のある人の活躍機会・賃金格差などの社会問題に衝撃を受け、2014年にヴァルトジャパンを創業。障害や難病を抱える就労困難者に特化した仕事の受発注プラットフォーム「NEXT HERO」を運営し、約1500万人の就労困難者がビジネスの現場で大活躍できる仕組みづくりに取り組んでいる。'21年6月にZ Venture Capital、みずほキャピタル、SMBCベンチャーキャピタル、三井住友海上キャピタルから約2億円を調達し、同年11月にはスタートアップの登竜門「IVS2021 LAUNCHPAD NASU」で3位入賞。'22年には海外ベンチャーキャピタルや国内メガバンク3社などから出資を受け、累計資金調達額は7億円に達する。

社会《しゃかい》を変《か》えるスタートアップ 「就労困難者《しゅうろうこんなんしゃ》ゼロ社会《しゃかい》」の実現《じつげん》

2023年1月30日初版1刷発行

著　者 ―― 小野貴也
発行者 ―― 三宅貴久
装　幀 ―― アラン・チャン
印刷所 ―― 堀内印刷
製本所 ―― ナショナル製本
発行所 ―― 株式会社光文社
東京都文京区音羽1-16-6（〒112-8011）
https://www.kobunsha.com/
電　話 ―― 編集部03（5395）8289　書籍販売部03（5395）8116
業務部03（5395）8125
メール ―― sinsyo@kobunsha.com

ISBN 978-4-334-04644-6

光文社新書

1226

観光立国・日本
ポストコロナ時代の戦略

箱谷真司

外国人訪日客99%減――。インバウンド受け入れの本格再開後、どのように観光産業を再生するか。日本各地を巡りDXやSDGs、観光公害対策など、現場の挑戦と葛藤を追う。

978-4-334-04633-0

1227

新地方論
都市と地方の間で考える

小松理虔

「都市」と「地方」。二項対立ではない視点から改めて地方を10のテーマで考えたときに、見えてくるものとは何か。福島県いわき市を拠点に、多彩な活動を続ける著者の思考と実践の記録。

978-4-334-04634-7

1228

不安型愛着スタイル
他人の顔色に支配される人々

岡田尊司

自己肯定感が低い、気を遣いすぎて疲れてしまう、感覚が敏感で体調を崩しやすい……生きづらさの理由、そして克服や治療法は？　職場や家庭での周囲の対応の仕方も事例を交え詳述。

978-4-334-04635-4

1229

広告の仕事
広告と社会、希望について

杉山恒太郎

広告から〝公告〟へ。日本の広告界のレジェンドが、自らのクリエイティブを振り返りながら、広告の未来を熱く鋭く語る。山口周氏とのロング対談を収録。解説・河尻亨一氏。

978-4-334-04636-1

1230

「美食地質学」入門
和食と日本列島の素敵な関係

巽好幸

蕎麦を育む火山、出汁を支える山脈、日本酒と地球の大変動――。多彩な和食が生まれた理由は日本列島にある!?　地下深くで密接に結びつく二つの意外な関係をマグマ学者が丁寧に紐解く。

978-4-334-04637-8

光文社新書

1231

時を超える美術
「グローカル・アート」の旅

新見隆

ローカル（地域、身近なもの）を大事にしながらグローバル（世界のありかた）につながる――。そんな「グローカル」な精神を宿した美術作品や芸術家に触れた「芸術風土記」エッセイ。

978-4-334-04638-5

1232

Web3とは何か
NFT、ブロックチェーン、メタバース

岡嶋裕史

「巨大IT企業の支配から個人が解放されたインフラ」で、「要素技術としてブロックチェーン、なかでもNFTあたりを重視する」というWeb3の全体像を、批判的な見方を含め解説。

978-4-334-04639-2

1233

古典と日本人
「古典的公共圏」の栄光と没落

前田雅之

高等教育の古文・漢文不要論が唱えられる今、私たちに古典は本当に必要なのか。日本において古典が成立した歴史を辿りながら、そもそも「古典」とは何かということを考える。

978-4-334-04640-8

1234

小学校受験
現代日本の「教育する家族」

望月由起

拡大・過熱・多様化――誰が、なぜ、どのように受験しているのか。入学後の環境は？　教育学者が小学校受験の実際や問題点、評価すべき点などを、経験者の声も交え具体的・リアルに報告。

978-4-334-04641-5

1235

アニメ療法《セラピー》
心をケアするエンターテインメント

パントー・フランチェスコ

日本のポップカルチャーの力で、心を治癒することはできるか。イタリア出身のオタク精神科医が精神医学や心理学の知見を物語療法と接続し、新しい「アニメ療法《セラピー》」を構想する。

978-4-334-04642-2

光文社新書

1236

安い・美味しい・簡単 実践 健康食

岩田健太郎

「近所のスーパーの特売品で自炊」に健康が詰まってる…感染症医でファイナンシャル・プランナーの資格も持つ著者と考える、お金をかけず、持続可能でより豊かに生きるための食事術。

978-4-334-04643-9

1237

社会を変えるスタートアップ
「就労困難者ゼロ社会」の実現

小野貴也

全国1500万人の「就労困難者」に適切な仕事を提供し、労働力減少を補う。社会課題を解決するスタートアップが見据える日本経済の未来像と、その先にあるインクルーシブ社会とは。

978-4-334-04644-6

1238

教育大国シンガポール
日本は何を学べるか

中野円佳

激しい教育競争、点数化する習い事――煽られ、葛藤する母親達、疲弊する子ども達。教育社会学研究者・ジャーナリストが現地の教育システムの実態を、インタビュー調査を交え報告。

978-4-334-04645-3

1239

エンタメ小説家の失敗学
「売れなければ終わり」の修羅の道

平山瑞穂

華々しいデビュー、10万部超えのヒット、そして映画化――。人気作家も目前だった小説家が犯した痛恨の「失敗」とは？出版界の裏事情と赤裸々な告白に満ちた自虐的反省の書。

978-4-334-04646-0

1240

「おふくろの味」幻想
誰が郷愁の味をつくったのか

湯澤規子

一体「おふくろの味」とは何を指しているのか。なぜそれは時に女性たちをいらだたせるのか。社会と時代を丹念に読み解き、「おふくろの味」が誕生した経緯とその正体を探る。

978-4-334-04647-7